루미곰과 휘바휘바

기초 핀란드어

개정판

꿈그린 어학연구소

루미곰과 휘바휘바
기초 핀란드어 개정판

발 행 2021년 10월 22일
저 자 꿈그린 어학연구소
일러스트 Nuri Chloe Kwon
펴낸곳 꿈그린
E-mail finnishkorea@naver.com
홈페이지 http://blog.naver.com/finnishkorea (녹음 파일 제공)

ISBN 979-11-976263-0-2 03750

머 리 말

이 책은 핀란드어를 처음 접하는 학습자들을 대상으로
실생활에서 바로 사용할 수 있는 기본 문법 및 회화를 담고
있는 한국 최초의 기초 핀란드어 회화 학습서이다.

여행 등 단기 체류 시에 필요한 여행 회화부터 유학 등으로
장기간 거주 시 활용할 수 있는 생활 속 표현을 중심으로
구성하였다.

각 과는 본문과 연관된 꼭 필요한 문법 및 필수 암기 단어
만을 설명함으로써 문법에 대한 부담을 줄이고 본문을 이해하는
것에 초점을 맞추었다. 원어민이 녹음한 음성 파일을 제공함과
동시에 본문에 한글 발음을 수록함으로써 학습자가 조금 더
쉽게 본문을 발음하고 익힐 수 있도록 하였다.

특히 핀란드어는 문어체와 구어체의 차이가 큰 언어로,
문어체로 쓰여진 학습서에서 배운 표현만을 가지고는 실제
생활에서 사용하는데 불편함이 있음을 고려하여 각 장의 구어체
버전도 같이 실음으로써 학습자가 문어체와 구어체를 직접
비교해 볼 수 있도록 하였다.

2015 년 3 월 첫 출간된 이후로 핀란드어 입문서로 많은
사랑을 받은 '루미곰과 휘바휘바 기초 핀란드어'가 더 자세한
설명과 예제를 추가하여 개정판으로 다시 선보이게 되었다.
개정판이 나오기까지 첫 기초 핀란드어 회화책으로서 많은
독자들의 호응과 지원이 있었기에 이 자리를 빌어 다시 한 번
감사드린다.

더욱 개선된 이 책을 통하여 많은 핀란드어 학습자들이 쉽게 핀란드어를 접하고 이해할 수 있는 기회가 되었으면 하는 바람이다.

2021 년 2 월
꿈그린 어학연구소

차 례

5. i 로 끝나는 명사 및 형용사

• 각 언어의 주격과 비정격

1. 동사 syödä: 먹다

2. mikä 와 지시대명사

3. 비정격 형용사

4. 전환격

5. 복수

• 음식의 맛 표현하기

1. 동사 asua: 거주하다

2. 위치 묻기 및 재내격과 재상격

3. e 로 끝나는 명사 및 형용사

• 방위

1. 동사 tulla: 오다

2. 출신 묻기

3. 향외격과 탈격

4. 속격과 소유접미사

• 의문사 정리

• 단어: 사람관련

4. 명령문

• 장소격 정리

1. 동사 tehdä: 하다

2. 시간 묻고 답하기

3. että 절

4. '~하는 중이다' 표현

• 단어: 기초 동사

1. 향내격 만드는 법

2. 향외격와 항내격

3. 전치사와 후치사

4. 동사의 수동

• 요일과 상황격

• 월과 재내격

1. 동사 aikoa: ~할 예정이다

2. s로 끝나는 명사와 형용사

3. 날짜와 서수

4. 수동태를 이용한 청유

5. 수동태 만드는 법

6. täytyy 구문

핀란드어란

핀란드의 공용어는 핀란드어와 스웨덴어이나, 인구의 92% 이상이 핀란드어를 사용하고 있다. 핀란드어는 핀란드를 중심으로 약 500만명이 사용하는 핀노-우그르 어족(The Finno-Ugric language family)에 속하는 교착어로 스웨덴어, 영어, 프랑스어, 독일어, 러시아어 등 유럽 주변국이 사용하는 인도-유럽 어족의 굴절어와는 상당히 다른 성격의 어족이다.

다른 유럽어와는 다른 점이 많기 때문에 낯선 인상을 받을 수도 있으나 핀란드어의 다음과 같은 문법적인 특징은 한국인이 핀란드어를 배울 때 조금 더 쉽고 친근하게 느낄 수 있다.

첫째, 성별 구분이 없다. 타 유럽어와는 다르게 남성, 여성, 중성형 명사 등을 따로 나눠서 외울 필요가 없다.

둘째, 영어의 a, the와 같은 부정관사, 정관사가 없다.

셋째, 한국어처럼 어근 혹은 어간에 어미를 첨가하여 단어를 형성한다.

넷째, 핀란드어는 격어미가 영어의 전치사 역할을 하는데 이러한 핀란드어의 격변화는 한국어 조사의 변화와 비슷하다.

물론 아래와 같은 차이점도 존재한다.

첫째, 핀란드어의 기본 어순은 영어와 같이 '주어 + 동사 +

목적어 및 보어'의 순이다.

둘째, 핀란드어에는 인칭 별로 동사의 어미가 바뀌고 소유접미사도 각각 존재한다.

셋째, 영어의 who, which와 같은 관계대명사가 핀란드어에도 존재한다.

넷째, 핀란드어의 olla 동사가 영어의 be 동사와 비슷한 역할을 하여, olla 동사로 '이다'와 '있다'를 표현한다.

그러나 핀란드어는 기본적으로 한국어에 비해 자음의 종류가 적기 때문에 발음하기 쉽고, 영어에 비해 어순이 비교적 자유로운 편이다. 또한 철자와 발음이 거의 일치하기 때문에 악센트가 단어와 문장 앞에 붙는다는 것을 염두에 두고 읽는다면 한국인 학습자로서 발음하는데 큰 어려움이 없다는 장점이 있다.

문자와 발음

1. 핀란드어 알파벳 (Aakkoset)

a (aa)	i (ii)	q (kuu)*	y (yy)
b (bee)*	j (jii)	r (är)	z (tseta)*
c (see)*	k (koo)	s (äs)	å (ruotsalainen oo)**
d (dee)	l (äl)	t (tee)	ä (ää)
e (ee)	m (äm)	u (uu)	ö (öö)
f (äf)*	n (än)	v (vee)	
g (gee)	o (oo)	w (kaksoisvee)*	
h (hoo)	p (pee)	x (äks)*	

* 순수 핀란드어에서는 쓰이지 않는 알파벳. 외래어에서만 쓰인다.
** å 역시 순수 핀란드어에서는 쓰이지 않는 알파벳. 스웨덴어에서 유래된 인명이나 지역 등에만 사용되는 문자. 발음은 [oː]

14

2. 발음

1) 단모음과 장모음

단모음	장모음
a[ɑː]	aa
e[eː]	ee
i[iː]	ii
o[oː]	oo
u[uː]	uu
ä[æː]	ää
ö[øː]	öö
y[yː]	yy

*장모음은 단모음을 길게 발음한다.

ä: 한국어의 ㅏ 와 ㅐ의 중간발음이다. 힘을 빼고 e를 발음하는 혀의 위치에서 a를 발음 할 때처럼 조금 더 입을 크게 벌려 발음한다.

예) hyvä: '휘바'에 가깝도록 힘을 빼고 '휘배'를 발음한다.

ö: 한국어의 '외'와 비슷한 발음이지만 e의 혀 위치에서 o를 발음할 때처럼 입을 동그랗게 오므려 발음한다는 점에서 차이가 있다.

예) pöpö: 입을 동그랗게 오므린 상태에서 'ㅔ' 발음만 한다는 느낌으로 '뾔뾔'라고 발음한다.

y: 한국어의 '위'와 비슷한 발음이나 같은 혀 위치는 아니다. i의 혀 위치에서 u를 발음하 듯 입을 동그랗게 오므려서 발음한다.

예) hymy: '휘뮈'와 비슷한 발음이나 입을 동그랗게 오므린 상태에서 '이' 발음을 중점적으로 내면서 발음한다.

2) 이중모음

	이중모음	예
모음 + i	ai	aika
	ei	tein
	oi	hoikka
	ui	kuin
	äi	päivä
	öi	söin
	yi	myin
모음 + u	au	sauna
	eu	seutu
	iu	tiuku
	ou	koulu
모음 + y	äy	käydä
	ey	terveys
	iy	äitiys
	öy	löylyt
기타	ie	tie
	uo	suo
	yö	työ

3) 자음

b	[be:]	q	[ku:]
c	[se:]	r	[ær]
d	[de:]	s	[æs]
f	[æf]	t	[te:]
g	[ge:]	u	[u:]
h	[ho:]	v	[ʋe:]
j	[i:]	w	[ʋe:]
k	[ko:]	x	[æks]
l	[æl]	z	[tset]
m	[æm]	š	[ʃ]
n	[æn]	ž	[ʒ]
p	[pe:]		

h: h가 모음의 앞에 있는 경우에는 한국어의 'ㅎ'과 비슷하나 '모음 + h + 자음'과 같은 형태에서는 뒤에서 h를 제대로 발음해주는 모음이 없다는 점에서 발음이 약해진다. 앞 모음을 발음하는 와중에 ㅎ 발음을 살짝 함과 동시에 다음 자음 발음으로 넘어간다.

예) kahvi (카ㅎ비), tehdä (테ㅎ다)

J: J는 뒤에 오는 모음과 덧붙어 'ㅑ, ㅛ, ㅠ' 발음이 난다.
예) japanilainen (야파니라이넨)

k: 한국어의 'ㅋ' 보다 'ㄲ'에 가깝게 발음 한다.

p: 한국어의 'ㅍ' 보다 'ㅃ'에 가깝게 발음 한다.

r: 혀를 떨어주며 발음한다. 스페인어의 rr 발음과 비슷하다.

t: 한국어의 'ㅌ' 보다 'ㄸ'에 가깝게 발음 한다.

★ 자음이 두 개 겹치는 경우

같은 자음이 연달아 있는 경우 그 자음 발음에 맞춰 자음 사이에 한국어의 받침을 넣어준다는 느낌으로 발음한다. 철자에 따라 뜻에 차이가 나기 때문에 발음에 주의해야 한다.
예) kuka(꾸까): 누구   kukka(꾹까): 꽃

*이 책의 문법적 용어들은 '핀란드어 필수 문법 (프레드 까를쏜, 송기중(역), 2008)'을 참고하였다.

Kappale 1 Mitä kuuluu?

Mari: Hei!

헤이

Lumi: Hei, Mari.

헤이 마리

Mari: Pitkästä aikaa. **Mitä kuuluu?**

핏까스따 아이카- 미타 꾸-루-

Lumi: Ihan **hyvää.** Entä sinulle?

이한 휘바- 엔타 시눌레

Mari: Hyvää, kiitos.

휘바- 키-토스

1과 어떻게 지내세요?

마리: 안녕하세요.

루미: 안녕하세요, 마리.

마리: 오랜만입니다. 어떻게 지내세요?

루미: 매우 잘 지내요. 당신은요?

마리: 좋아요, 고마워요.

* 괄호 안은 단어의 주격

hei 안녕하세요

pitkästä (pitkä) 긴

aikaa (aika) 시간

ihan 매우, 꽤

hyvää (hyvä) 좋은

mitä (mikä) 무엇

kuuluu (kuulua) 들리다

entä 그러는 ~ 요?

sinulle (sinä) 당신(에게)

kiitos 감사합니다

★ 안부 묻기

안부를 물을 때 가장 많이 쓰이는 표현으로는 Mitä kuuluu?(미타 꾸-루-) 와 Miten menee?(미텐 메네-) 가 있다.

주의해야 할 점은 Mitä kuuluu?로 질문하였을 때는 hyvää(휘바-)로 대답하여야 하나, Miten menee?라고 물어보면 hyvin(휘빈)으로 답해야 한다.

부정의 표현으로는 각기 Ei kovin hyvää(에이 코빈 휘바-)/ hyvin(휘빈)을 쓸 수 있다.

A: Mitä kuuluu? 잘 지내세요? 어떻게 지내세요?
   미타 꾸-루-
B: Kiitos (minulle kuuluu) hyvää.
   키-토스 미눌레 꾸-루-   휘바-
   고마워요, 저는 잘 지내요.

A: Miten menee? 잘 지내요?
   미텐   메네-
B: Hyvin, kiitos. 좋습니다. 고마워요.
   휘빈 키-토스

1. 핀란드어의 격

한국어에 '은, 는, 이, 가'와 같은 조사가 와서 문장을 구성하듯, 핀란드어는 단어의 어미가 변화함으로써 이 기능을 대신한다. 이렇게 한국어의 조사와 비슷한 역할을 하는 어미의 종류를 격(case)이라고 한다.
핀란드어에는 이러한 격이 주격을 포함하여 15가지가 있으며 형용사와 명사는 같은 격으로 격변화 한다. 이 중에서 가장 자주 쓰이는 12가지 격은 다음과 같다.

	어미	기본 뜻 (기능)	예
주격(Nominative)	(복수-t)	(사전형)	minä
속격(Genitive)	-n; -den,-tten	~의	minun
대격(Accusative)	-n,-t	~를/을 (목적어)	minut
비정격(Partitive)	-a/ä; -ta/tä; -tta/ttä	한정되지 않은 양	minua
재내격(Inessive)	-ssa/ssä	속에	minussa
향외격(Elative)	-sta/stä	속에서	minusta
향내격(Illative)	-앞 모음+n, -seen	속으로	minuun
재상격(Adessive)	-lla/llä	위, 표면에	minulla
탈격(Ablative)	-lta/ltä	위, 표면에서	minulta
향격(Allative)	-lle	위, 표면으로	minulle
전환격(Translative)	-ksi	상황의 변화	minuksi
상황격(Essive)	-na/nä	형편, 상황	minuna

2. 모음조화

핀란드어의 모음은 [i, e], [a, o, u], [ä, ö, y] 이렇게 세 그룹으로 나눌 수 있다.

여기서 a, o, u 그룹과 ä, ö, y 그룹은 서로 섞여서 한 단어에 나올 수 없다. i, e 는 어느 그룹에서든 같이 쓰일 수 있다. 이러한 모음의 규칙을 모음조화라고 한다.

따라서 한 단어 속에서 모음이 나올 수 있는 조합은 총 5가지로 아래와 같이 분류할 수 있다.

Ⓐ a, o, u 만으로 이루어져 있는 경우
　예) talo, muuta
Ⓑ a, o, u와 i, e가 같이 나오는 경우
　예) lapsi, tuli
Ⓒ ä, ö, y 만으로 이루어져 있는 경우
　예) tyttö, kylä
Ⓓ ä, ö, y 와 i, e 가 같이 나오는 경우
　예) täti, leipä
Ⓔ i, e 만으로 이루어진 경우
　예) mies, kieli

이러한 모음조화에 따라 단어의 격어미 또한 뒤에 a가 오느냐 ä가 오느냐가 결정된다. 한국어에서 발음의 편의를 위하여 받침의 유무에 따라 각 단어마다 을/를, 은/는, 이/가 등의 조사가 다르게 오는 것과 비슷한 원리이다.

예를 들어 재내격은 어간 뒤에 ssa 혹은 ssä가 와야 하는데, Ⓐ, Ⓑ 그룹 단어의 재내격의 경우 ssa가, Ⓒ와 Ⓓ 그룹 단어의 재내격의 경우 ssä가 와야 한다.

ä, ö, y 가 없는 Ⓔ 그룹의 단어의 경우도 ssä를 쓴다.

Ⓐ,Ⓑ 그룹: +a　　예) Koreassa 한국에서
Ⓒ,Ⓓ,Ⓔ 그룹: + ä　예) Helsingissä 헬싱키에서

세나테 광장 (Senaatintori)

Kappale 2 Minä olen Lumi.

Minho: Hyvää päivää!

휘바- 빠이바

Lumi: Päivää!

빠이바

Minho: **Minä olen** Minho. Hauska tutustua.

미나 오렌 민호 하우스카 투투스투아

Lumi: Anteeksi, en ymmärrä.

안테-ㅋ시 엔 윈마르라

Minho: **Olen** Minho, Minho Kim.

오렌 민호 민호 킴

Lumi: Hauska tavata, Minho! **Minä olen** Lumi.

하우스카 타바타 민호 미나 오렌 루미

2과 저는 루미입니다.

민호: 안녕하세요!

루미: 안녕하세요!

민호: 저는 민호입니다. 만나서 반가워요.

루미: 죄송해요, 못 알아 들었어요.

민호: 민호입니다, 김 민호.

루미: 만나서 반갑습니다. 저는 루미에요.

minä 나

olen (olla) ~이다

hauska 즐거운

tutustua, tavata 만나다

anteeksi 죄송합니다

en (나는) ~하지 않는다

ymmärrä (ymmärtää) 이해하다

★ 처음 만날 때

핀란드어로 hauska(하우스카)가 '즐겁다', tavata(타바타)가 '만나다'라는 뜻으로 직역하여 만나서 반갑다는 뜻이다. Hauska nähdä (하우스카 나ㅎ다)또한 같은 의미로 nähdä 는 '보다'라는 뜻이다.

hauska 외에 좋다는 뜻으로 mukava(무카바) 혹은 kiva(키바)를 사용할 수도 있다.

Hauska tavata.   만나서 반갑습니다.
하우스카 타바타

Hauska nähdä.   뵙게 되어서 반갑습니다.
하우스카 나ㅎ다

1. 인칭대명사

핀란드어의 인칭대명사는 6종류가 있다. 3인칭 단수의 경우, 그와 그녀의 구분이 없이 hän 하나로 통일되어 있다. 1인칭과 2인칭 주어는 대개 생략한다.

나	**minä**	미나
당신	**sinä**	시나
그(그녀)	**hän**	한
우리들	**me**	메
당신들	**te**	떼
그들	**he**	헤

Minä olen Mari. = Olen Mari. (나는) 마리입니다.
미나 오렌 마리   오렌 마리

Hän on Minho.   그는 민호입니다.
한 온 민호

Hän on Mari.   그녀는 마리입니다.
한 온 마리

2. 동사 olla: ~이다

olla 동사는 핀란드어의 가장 기초가 되는 동사로, '~이다'가 기본 뜻이다. 영어의 be 동사의 역할을 한다.

영어도 I am, You are, She is와 같이 인칭에 따라 be 동사가 변화하는 것처럼 olla 동사도 인칭에 따라 Minä olen, Sinä olet, Hän on 으로 변한다.

'A는 B다'라고 표현하려면 'A olla B'와 같은 형태가 되어 B자리에 이름, 국적 등을 넣어 표현할 수 있다.

olla 동사뿐만이 아니라 모든 핀란드어 동사는 인칭에 따라 6가지 형태로 어미가 변하며 어간 변화의 차이에 따라 동사 그룹이 나뉘어진다. (9과 참조)

나는~이다	Minä	**olen**
당신은~이다	Sinä	**olet**
그(그녀)는~이다	Hän	**on**
우리들은~이다	Me	**olemme**
당신들은~이다	Te	**olette**
그들은~이다	He	**ovat**

Minä olen opiskelija. 저는 학생입니다.
미나 오렌 오피스케리야

Hän on suomalainen. 그(녀)는 핀란드인입니다.
한   온 수오마라이넨

헬싱키 대성당(Helsingin Tuomiokirkko)

Kappale 3 Oletko sinä suomalainen?

Mari: **Oletko sinä** kiinalainen?

오렛코 시나 키-나라이녠

Minho: **En. Minä en ole** kiinalainen.

엔 미나 엔 오레 키-나라이녠

Olen korealainen.

오렌 꼬레아라이녠

Oletko sinä suomalainen?

오렛코 시나 수오마라이녠

Mari: **Olen.**

오렌

3과 당신은 핀란드인입니까?

마리: 당신은 중국인입니까?

민호: 아니요. 저는 중국인이 아닙니다.

저는 한국인입니다.

당신은 핀란드인입니까?

마리: 그렇습니다.

oletko (당신은)~입니까?

en ole (나는) ~가 아니다

kiinalainen 중국인

korealainen 한국인

suomalainen 핀란드인

★ 인사 표현

인사를 받는 법은 상대방의 인사말을 그대로 반복해 주면 된다. hyvää 는 생략 가능하다.

하루의 시간에 구애 받지 않고 쓸 수 있는 표현으로는 Terve(떼르베) 나 Hei(헤이) 또는 Moi(모이)가 있으며 Moi 가 조금 더 구어적인 표현이다. Moikka(모잇까)도 자주 쓰는 표현이다.

(Hyvää) huomenta! (아침 인사)
휘바- 후오멘타

(Hyvää) päivää! (낮 인사, 오전 10 시에서 오후 6 시 정도)
휘바- 빠이바-

(Hyvää) iltaa! (저녁인사)
휘바- 일따-

Hyvää yötä! (자기 전에)
휘바- 위오따

1. olla 동사 의문문

의문문을 만드는 법은 주어와 동사의 위치를 바꾼 뒤 동사 뒤에 모음조화에 따라 ko/kö를 붙여주면 된다. 1인칭과 2인칭의 경우 주어를 생략할 수 있다.

나는~입니까?	Olen**ko**	minä
당신은~입니까?	Olet**ko**	sinä
그(그녀)는~입니까?	On**ko**	hän
우리들은~입니까?	Olemme**ko**	me
당신들은~입니까?	Olette**ko**	te
그들은~입니까?	Ovat**ko**	he

Oletko **(sinä) korealainen?** 당신은 한국인입니까?
오렛코 시나 꼬레아라이넨

Onko hän amerikkalainen? 그(녀)는 미국인입니까?
온코 한 아메릿카라이넨

2. olla 동사 부정

부정문을 만드는 법은 '주어 + 부정동사 + 동사의 어간'으로, 부정동사 ei를 아래와 같이 인칭에 따라 바꾸어 준 다음 뒤에 동사의 어간을 붙인다. 어간은 단어가 활용될 때 변화하지 않는 부분으로 olla 동사의 어간은 ole이다.

나는~가 아니다	Minä	**en**	ole
당신은~가 아니다	Sinä	**et**	ole
그(그녀)는~가 아니다	Hän	**ei**	ole
우리들은~가 아니다	Me	**emme**	ole
당신들은~가 아니다	Te	**ette**	ole
그들은~가 아니다	He	**eivät**	ole

A: Oletko amerikkalainen? 당신은 미국인입니까?
오렛코 아메릿카라이넨
B: **En**. Minä en ole amerikkalainen. Olen englantilainen.
엔 미나 엔 오레 아메릿카라이넨   오렌 엥그란티라이넨
아니요. 저는 미국인이 아닙니다. 저는 영국인입니다.

A: Onko hän ranskalainen? 그는 프랑스인입니까?
온코 한   란스카라이넨
B: **Ei**. Hän ei ole ranskalainen.
에이 한 에이 오레 란스카라이넨
아니요. 그는 프랑스인이 아닙니다.

3. 예, 아니오로 답변하기

긍정의 답변의 경우 '예'란 의미의 Kyllä를 쓰거나 동사를 그대로 받아서 Olen과 같이 대답할 수 있다. 조금 더 구어적인 표현으로는 Joo가 있다.

부정의 경우 En과 같이 인칭에 맞게 부정동사를 바로 써주면 된다.

Q. Oletko sinä suomalainen? 당신은 핀란드인 입니까?

오렛코 시나 수오마라이넨

A.

긍정	부정
Kyllä. 예 낄라	
Olen. (핀란드인)입니다. 오렌	En ole. 아닙니다. 엔 오레
Joo. 응. 요	En oo. (구어체) 아니. 엔 오-

★ 나라 이름

핀란드어로 핀란드는 Suomi (수오미), 핀란드인은 suomalainen (수오마라이넨) 이라고 한다. 핀란드어에서 국가명은 대문자로 시작하나 외국어 및 그 나라 사람을 나타낼 때는 소문자를 써서 차이를 둔다.

사람을 말할 때 약간의 모음의 변화가 있으나 기본적으로 나라 이름 뒤에 '~lainen'이 뒤에 붙어 '~인'을 나타내며 이는 '~나라의'라는 뜻의 형용사로도 사용 가능하다.

korealainen draama 한국 드라마
코레아라이넨 드라-마

saksalainen olut 독일산 맥주
삭사라이넨 올룻

참고로 '어느 나라 사람'인지 물어보려면 'minkämaalainen'을 쓰면 된다.

A: Minkämaalainen sinä olet? 어느 나라 사람이신가요?
민카마-라이넨   시나 오렛

B: Olen korealainen. 저는 한국인입니다.
오렌 코레아라이넨

	국가	언어	사람, 형용사
한국	Korea	korea	korealainen
핀란드	Suomi	suomi	suomalainen
미국	Amerikka	englanti	amerikkalainen
영국	Englanti	englanti	englantilainen
에스토니아	Viro	viro	virolainen
스웨덴	Ruotsi	ruotsi	ruotsalainen
덴마크	Tanska	tanska	tanskalainen
노르웨이	Norja	norja	norjalainen
러시아	Venäjä	venäjä	venäläinen
독일	Saksa	saksa	saksalainen
프랑스	Ranska	ranska	ranskalainen
일본	Japani	japani	japanilainen
중국	Kiina	kiina	kiinalainen
외국	ulkomaa	vieras kieli	ulkomaalainen

Kappale 4 Puhutko sinä suomea?

Mari: **Puhutko sinä** suomea?

뿌훗코　시나　수오메아

Lumi: Kyllä. **Minä puhun** suomea.

낄라　미나　뿌훈　수오메아

Puhutko sinä koreaa?

뿌훗코 시나　꼬레아아

Mari: **En puhu. Puhun** vain suomea.

엔　뿌후　뿌훈　바인 수오메아

Osaatko sinä englantia?

오사앗코 시나 엥그란티아

Lumi: Kyllä **osaan**, mutta huonosti.

낄라　오사안　뭇타 후오노스티

4과 핀란드어를 하시나요?

마리: 핀란드어를 하시나요?

루미: 네, 저는 핀란드어를 합니다.

　　당신은 한국어를 하나요?

마리: 하지 못합니다. 핀란드어만 합니다.

　　당신은 영어를 할 줄 아나요?

루미: 예, 할 줄 압니다만 서툴러요.

> puhun, puhutko (puhua) 말하다
>
> suomea(suomi) 핀란드어
>
> koreaa(korea) 한국어
>
> vain 오직
>
> osaatko, osaan (osata) 할 능력이 있다
>
> englantia(englanti) 영어
>
> mutta 그러나
>
> huonosti 서투른, 나쁜

★ 감사 표현

Kiitos(끼-또스)는 가장 많이 쓰이는 감사 표현으로, 조금 더 구어적인 표현으로는 Kiitti(키잇띠)가 있다. Kiitos paljon! (키-또스 팔욘) 이라 하면 '정말 감사합니다'라는 뜻이 된다. 답변으로 '천만에요'에 해당하는 말은 Ole hyvä!(오레 휘바) 이다. Ei(pä) kestä! (에이 케스타)또한 자주 쓰이는 표현이다.

　A: Kiitos!　　감사합니다.
　　　키-토스
　B: Ole hyvä!　천만에요.
　　　오레 휘바

41

1. 일반동사의 어미변화

일반 동사 또한 인칭에 따라 어간에 아래와 같이 각기 다른 어미가 붙는다. 3인칭 복수는 모음조화에 따라 vat 혹은 vät이 붙는다. puhua는 1그룹의 동사로, 2그룹 동사를 제외한 모든 그룹의 동사는 어간의 최후의 모음을 반복하여 3인칭 단수 어미를 만든다. (동사 그룹 종류는 9과 참고)

인칭	어간	어미
minä		n
sinä		t
hän	동사어간+	(최후모음을 반복)
me	(puhu)	mme
te		tte
he		vat/vät

puhua 동사의 어간은 원형 puhua에서 a가 빠진 puhu로, 위의 규칙에 따라 동사 변화는 아래와 같다.

puhua: 말하다

나는 말한다	minä	puhun
당신은 말한다	sinä	puhut
그(그녀)는 말한다	hän	puhuu
우리들은 말한다	me	puhumme
당신들은 말한다	te	puhutte
그들은 말한다	he	puhuvat

2. 일반동사의 의문문과 부정문

일반 동사의 부정문을 만들 때에도 olla 동사 때와 같이 부정동사 다음 어간을 넣어준다.

나는 못 말한다	minä	**en**	puhu
당신은 못 말한다	sinä	**et**	puhu
그(그녀)는 못 말한다	hän	**ei**	puhu
우리들은 못 말한다	me	**emme**	puhu
당신들은 못 말한다	te	**ette**	puhu
그들은 못 말한다	he	**eivät**	puhu

일반 동사의 의문형을 만드는 법 또한 주어와 동사의 위치를 바꾸고 ko/kö를 동사에 붙여준다.

나는 말합니까?	Puhun**ko**	minä
당신은 말합니까?	Puhut**ko**	sinä
그(그녀)는 말합니까?	Puhuu**ko**	hän
우리들은 말합니까?	Puhumme**ko**	me
당신들은 말합니까?	Puhutte**ko**	te
그들은 말합니까?	Puhuvat**ko**	he

3. 동사 osata: ~할 능력이 있다

puhua 동사 외에 '(기술적으로)~할 능력이 있다'는 뜻의 osata 동사를 이용하여 '~언어를 할 수 있다'라고 표현할 수 있다. Osata 동사 다음에 puhua를 붙여서 '말할 수 있다'라고도 쓸 수 있으나 puhua 동사를 생략해도 대화가 가능하다.

4그룹 동사인 osata 동사의 어간은 마지막의 ta를 뗀 다음 a를 붙인 osaa이다. 이 어간이 그대로 3인칭 단수형이 된다.

나는 할 수 있다	minä	osaan
당신은~할 능력이 있다	sinä	osaat
그(그녀)는~할 능력이 있다	hän	osaa
우리들은~할 능력이 있다	me	osaamme
당신들은~할 능력이 있다	te	osaatte
그들은~할 능력이 있다	he	osaavat

A: Osaako hän (puhua) ruotsia? 그는 스웨덴어를 할 수 있나요?
오사-코   한 (뿌후아) 루옷티아

B: Kyllä. Hän osaa vähän ruotsia.   (vähän: 약간, 조금)
퀼라   한   오사   바한   루옷티아
예, 그는 스웨덴어를 약간 할 수 있어요.

44

4. 비정격 목적어

동사 puhua와 osata의 경우 '~을 말하다'라고 이야기 할 때 '~을'에 해당하는 목적어로 비정격을 취한다. 대화문에서 핀란드어, 한국어를 한다고 이야기 할 때 suomi, korea의 비정격인 suomea, koreaa가 온 이유는 이 때문이다.

이중모음, 장모음 및 자음으로 끝나는 단어에는 ta/tä가, e로 끝나는 단어에는 tta/ttä가 붙는다. 이외 마지막 글자가 변하는 등의 여러 예외가 있으나 기본적으로 단모음으로 끝나는 단어의 비정격은 모음조화에 따라 a 혹은 ä를 붙여준다.

1) 비정격 어미 a/ä
: 자음 뒤 단모음이 오는 대부분의 단어

예) katu (길) → katua, Helsinki(헬싱키) → Helsinkiä

2) 비정격 어미 ta/tä
: 이중, 장모음 혹은 자음으로 끝나거나 단음절 대명사 포함 일부 단어

예) maa(나라) → maata,   työ(일) → työtä
ajatus(생각) → ajatusta,   kieli(언어) → kieltä
vesi(물) → vettä,   joka(어느) → jota

3) 비정격 어미 tta/ttä: e로 끝나는 단어

예) kone(기계) → konetta, perhe(가족) → perhettä

5. i로 끝나는 명사 및 형용사

englanti의 비정격의 경우 기본형에 그대로 a가 붙어 englantia이나, 핀란드어를 뜻하는 suomi의 비정격은 suomea 이다. suomi와 같이 i로 끝나는 단어 중 일부는 i가 e로 변한 뒤 격어미가 붙는다.

또한 -si로 끝나는 단어(예)vesi, käsi)의 어간은 si가 te로 바뀌는 특징도 있다. (자음전환에 의해 de로 나타나기도 한다.)

단, 비정격에서는 e가 탈락하는 단어가 존재(예)kieli) 하는 등 여러 변화 규칙이 있으나 우선 i로 끝나는 단어 중에는 어간이 e로 변화하는 단어도 있음을 기억하자.

suomi → suomessa (재내격), suomea(비정격)

ovi → ovessa(재내격), ovea (비정격)

kieli → kielessä (재내격), kieltä (비정격*)

*li, ni, ri로 끝나는 단어는 예외적으로 비정격에서 e 탈락

참고) si로 끝나는 단어 vesi

vesi → vetenä(상황격, si가 te로 변화),

veden (속격, 자음전환에 의해 t가 d로 변화)

vettä (비정격에서는 si가 t로 변화)

★ 각 언어의 주격과 비정격

	주격	비정격
한국어	korea	koreaa
핀란드어	suomi	suomea
영어	englanti	englantia
스웨덴어	ruotsi	ruotsia
덴마크어	tanska	tanskaa
노르웨이어	norja	norjaa
에스토니아어	viro	viroa
러시아어	venäjä	venäjää
독일어	saksa	saksaa
프랑스어	ranska	ranskaa
일본어	japani	japania

Kappale 5 Mikä tamä on?

Lumi: **Tämä** marja **on hyvää**. **Mikä** marja **tämä on**?

타마 마르야 온 휘바- 마카 마르야 타마 온

Mari: **Se on** mustikka.

세 온 무스텃카

Lumi: **Mikä** mustikka on **englanniksi**?

미카 무스텃카 온 엥그란닉시

Mari: **Se on** blueberry. Suomalaiset syövät paljon mar**joja**.

세 온 블루베리 수오말라이셋 쉬오밧 팔욘 마르요야

Lumi: Vai niin.

바이 닌-

5과 이것은 무엇입니까?

루미: 이 산딸기는 맛있군요.

이 산딸기는 무엇입니까?

마리: 그것은 블루베리입니다.

루미: 블루베리는 영어로 무엇인가요?

마리: Blueberry 입니다.

핀란드인들은 산딸기를 많이 먹지요.

루미: 아 그렇군요.

---

tämä 이것

marjoja (marja)
산딸기, 베리 (복수)

hyvää (hyvä) 좋은, 맛있는

englanniksi (englanti)
영어로

se 그것

mustikka 블루베리

suomalaiset (suomalainen)
핀란드인들

suomessa (suomi)
핀란드에서

syövät (syödä) 먹다

vai (놀람 등의) 감탄사

niin 매우, 그런, 그러한

★ 사과 표현

Anteeksi(안테-ㅋ시)는 가볍게 '미안합니다' 혹은 '실례합니다' 라고 할 때 쓸 수 있다. 영어의 sorry 외에 excuse me 의 의미까지 포함하는 말로 사과 표현 외에도 식당에서 종업원을 부를 때도 사용가능하다.

이 외에 죄송하다는 표현으로는 Olen pahoillani(오렌 파호일라니)가 있다. 누군가가 Anteeksi! 라고 사과를 한다면 이에 대한 대답으로는 Ei se mitään(에이 세 미따안) 혹은 Ei mitään(에이 미따안) 이라고 대답하면 된다.

A: Anteeksi! 미안합니다.
　 안테-ㅋ시

B: Ei (se) mitään. 괜찮아요.
　 에이 세　미따안

1. 동사 syödä: 먹다

syödä 동사는 2그룹 동사로, 2그룹 동사는 뒤의 da/dä를 뗀
형태가 바로 어간이 된다.

또한 3인칭 단수형 또한 어미 반복 없이 어간을 그대로 쓰면
된다. 2그룹 동사에서만 특징적으로 어간이 그대로 3인칭
단수형이 됨을 기억하자.

나는 먹다	minä	syön
당신은 먹다	sinä	syöt
그(그녀)는 먹다	hän	syö
우리들은 먹다	me	syömme
당신들은 먹다	te	syötte
그들은 먹다	he	syövät

2. Mikä 와 지시대명사

'Mikä ~ on?'은 '~은 무엇입니까?'라는 뜻이다. 핀란드어로 '이, 그, 저'는 'tämä, se, tuo'이기에, Mikä tämä on? 이라 하면 '이것은 무엇입니까'라는 뜻이 된다.

tämä, tuo, se 의 복수형은 다음과 같다.

이것	tämä	이것들	nämä
저것	tuo	저것들	nuo
그것	se	그것들	ne

Mikä marja tämä on 과 같이 특정해서 물어보고자 할 때는 Mikä 와 지시대명사 사이에 해당 명사를 넣어주면 된다.

Mikä väri tämä on? 이것은 무슨 색인가요?
미카 바리 타마 온

Mikä kukka se on? 그것은 무슨 꽃인가요?
미카 쿠카 세 온

52

3. 비정격 형용사

Tämä marja on hyvää에서 hyvää는 hyvä의 비정격이다.
음식과 같이 셀 수 없는 명사가 주어일 경우, 그것을 설명하는
형용사는 비정격이 와야 한다.

Tämä auto on hyvä. 이 자동차는 좋다.
타마 아우토 온 휘배

Tämä juusto on hyvää. 이 치즈는 맛있다.
타마 유-스토 온 휘배-

4. 전환격

전환격(ksi)을 이용하여 '~으로'의 뜻을 나타낼 수 있다.
따라서 '핀란드어로'라고 하려면 suomi의 전환격이 와서
suomeksi가 되고, '한국어로'는 koreaksi가 된다.

Mikä se on suomeksi? 그것은 핀란드어로 무엇인가요?
미카 세 온 수오멕시

Mikä tämä on englanniksi? 이것은 영어로 무엇인가요?
미카 타마 온 엔글란닉시

Mikä tämä sana on koreaksi? 이 단어는 한국어로 무엇인가요?
미카 타마 사나 온 꼬레앗시

5. 복수

복수형의 어미는 주격 및 대격에서는 -t를 붙이고, 나머지 격에서는 -i를 붙여 복수를 표현한다. 주격의 복수형은 어간에 t를 붙여 만든다. 나머지 격의 경우 격어미 앞에 i를 넣되, 모음 사이에 i가 들어가게 되는 경우에는 j로 바뀐다.

주격	järvi 호수	pullo 병	marja 산딸기
	야르비	뿔로	마르야
복수 주격	järvet 호수들	pullot 병들	marjat 산딸기들
(t 추가)	야르벳	뿔롯	마르얏
복수 비정격	jarvia	pulloja	marjoja*
(i 추가)	야르비아	뿔로야	마르요야

*marja의 경우 i가 붙을 때 a가 o로 바뀐다. (17과 참조) 따라서 marjo- 다음 i가 붙고 비정격 a가 붙은 형태이나 (marjoia) o와 a 사이에 들어가는 i 가 j로 바뀌게 되어 marjoja 가 되었다.

형용사가 명사를 수식할 때는 형용사도 명사를 따라 격변화 해야 하며, 이와 같은 원리로 명사의 수에 따라 형용사도 단수형, 복수형으로 나뉜다.

주격	iso pullo 큰 병
	이소 뿔로
복수 주격 (t 추가)	isot pullot 큰 병들
	이솟 뿔롯
복수 비정격 (i 추가)	isoja pulloja
	이소야 뿔로야

54

★ 음식의 맛 표현하기

형용사가 비정격이 되며, vähän (조금), liian(너무), aika (꽤)와 같은 부사를 활용할 수도 있다.

Tämä on ~ : 이것은 ~

maukasta 맛있다
마우카스타

pahaa 맛없다
파하-

makeaa 달다
마케아-

suolaista 짜다
수오라이스타

laihaa 묽다
라이하-

vahvaa 짙다
바ㅎ바-

Kappale 6 Missä sinä asut?

Lumi: Mari, **missä** sinä asut?

마리 미사 시나 아슷

Mari: Minä asun Tampere**ella**.

미나 아순 탐페레-라

Lumi: **Missä** Tampere on?

미사 탐페레 온

Mari: Se on Helsingin pohjoispuole**lla**.

세 온 헬싱인 뽀ㅎ요이스뿌오렐라

Missä kaupung**issa** sinä asut Korea**ssa**?

미사 카우뿐이사 시나 아슷 꼬레아사

Lumi: Minä asun Soul**issa**.

미나 아순 소우리사

6과 어디에서 살아요?

루미: 마리, 당신은 어디에서 살아요?

마리: 저는 탐페레에서 살아요.

루미: 탐페레는 어디인가요?

마리: 그곳은 헬싱키의 북쪽입니다.

　　한국의 어느 도시에서 살아요?

루미: 저는 서울에서 살아요.

---

missä 어디

asut, asun (asua) 살다

Tampereella (Tampere)
탐페레에서

Helsingin (Helsinki)
헬싱키의

pohjoispuolella
(pohjoinen, puoli)
북측에서

kaupungissa (kaupunki)
도시에서

Soulissa (Soul) 서울에서

★ 헤어질 때 인사

Näkemiin! 안녕히 계세요.　　Nähdään! 안녕!
나케미인　　　　　　　　　　나ㅎ단

더 자주 쓰이는 표현은 Nähdään! 이다. 헤어질 때 쓰는 구어적인 표현 중에는 앞에서 배운 인사 표현인 Hei 와 Moi를 두 번 반복하여 Hei hei! 혹은 Moi moi! 와 같이 쓰기도 한다.

1. 동사 asua: 거주하다

asua 동사는 puhua 동사와 같은 1그룹의 동사로, 어간은 a를 뗀 asu이다. 3인칭 단수는 asu의 마지막 모음인 u를 다시 한번 반복해 준다.

나는 산다	minä	asun
당신은 산다	sinä	asut
그(그녀)는 산다	hän	asuu
우리들은 산다	me	asumme
당신들은 산다	te	asutte
그들은 산다	he	asuvat

2. 위치 묻기 및 재내격과 재상격

missä는 위치를 물을 때 사용한다. 답변 시 재내격 혹은 재상격을 이용하여 '~에서'를 나타낸다. 또한 '~가 어디에 있습니까'라고 물어보려면 'Missä on~'을 사용한다.

'~에서'는 지명에 재내격(ssa/ssä) 혹은 재상격(lla)를 이용하여 나타낸다. missä 또한 mikä(무엇)의 재내격이다. 일부 지역의 경우 재상격이 이용된다.

지명에 재상격이 쓰인 예)

Venäjällä 러시아에서, Tampereella 탐페레에서,

Vantaalla 반타에서, Rovaniemellä 로바니에미에서

이 외에는 대부분 재내격이 쓰이며 '헬싱키에서'라고 하려면 Helsinki의 재내격을 써서 Helsingissä라고 한다. 마찬가지로 '도시에서'라고 하려면 도시 kaupunki의 재내격 kaupungissa를 쓰면 된다. Soul의 경우 발음의 편의를 위해 i를 추가하고 재내격이 붙어 Soulissa가 되었다.

(* Helsingissä, kaupungissa에서 Helsinki와 kaupunki의 k가 자음조화에 의해 g로 바뀐 것에 주의)

★나라별 재상격 및 재내격을 사용한 '~에서' 표현

	~에서	주격
한국에서	Koreassa	Korea
핀란드에서	Suomessa	Suomi
영국에서	Englannissa	Englanti
스웨덴에서	Ruotsissa	Ruotsi
노르웨이에서	Norjassa	Norja
덴마크에서	Tanskassa	Tanska
러시아에서	Venäjällä	Venäjä
독일에서	Saksassa	Saksa
프랑스에서	Ranskassa	Ranska
일본에서	Japanissa	Japani

A: Missä sinä asut? 당신 어디에서 살아요?
  미사 시나 아숫
B: Asun Helsingissä. 헬싱키에서 살아요.
  아순 헬싱기사

3. e로 끝나는 명사 및 형용사

'탐페레에서'를 나타내는 Tampere의 재상격인 Tampereella를
살펴보면 마지막 e가 첨가됨을 알 수 있다.

이와 같이 명사나 형용사가 e로 끝날 경우 e를 반복한 뒤
격어미를 붙인다.

단, 4과에 배운 바와 같이 비정격(-tta/ttä)이 올 경우에는 e를
반복하지 않고 그대로 tta/ttä를 붙이며, 복수 어미 (-i-) 앞에서도
첨가하지 않는다.

물론 인명, 외래어를 비롯 kolme, nukke, tie, itse 등과 같이
아예 e를 첨가하지 않는 예외적인 단어도 존재한다.

kirje(책) → kirjeestä(향외격 단수)

kirjeistä (향외격 복수) kirjettä (비정격)

huone (방) → huoneessa (재내격 단수)

huoneissa (재내격 복수) huonetta (비정격)

★ 방위

동	itä	북동	koillinen
서	länsi	남동	kaakko
남	etelä	남서	lounas
북	pohjoinen	북서	luode

시벨리우스 공원(Sibeliuksen puisto)의 시벨리우스 기념비

Kappale 7 Kuka tämä on?

Marko: **Kuka** tämä on?

꾸까 타마 온

Lumi: Hän on **minun ystäväni** Minho.

한 온 미눈 위스타바니 민호

Marko: **Mistä** maasta hän **on kotoisin**?

미스타 마-스타 한 온 코토이신

Lumi: Hän tulee Korea**sta** ja **on kotoisin** Soul**ista**.

한 뚜레- 꼬레아스타 야 온 꼬또이신 소우리스타

7과 이 사람은 누구입니까?

마르꼬: 이 사람은 누구입니까?

루미: 그는 저의 친구인 민호입니다.

마르꼬: 그는 어느 나라 출신입니까?

루미: 그는 한국에서 왔고 서울 출신입니다.

kuka 누구

minun 나의

ystävä 친구

(ni 는 인칭소유접미사,'나의' 뜻)

mistä 어디로부터

maa 나라

olla kotoisin (+향외격) ~출신이다

tulee(tulla) 오다

1. 동사 tulla: 오다

tulla 동사는 3그룹의 동사로 이 그룹의 동사는 뒤에서 두
번째 글자까지 떼고 e를 붙여 어간을 만든다.
tulla의 경우 la가 빠지고 e가 첨가되어 tule가 어간이다. 3인칭
단수 또한 첨가된 모음인 e를 한 번 더 반복한다.

나는 오다	minä	tule**n**
당신은 오다	sinä	tule**t**
그(그녀)는 오다	hän	tule**e**
우리들은 오다	me	tule**mme**
당신들은 오다	te	tule**tte**
그들은 오다	he	tule**vat**

2. 출신 묻기

향외격을 이용하여 '~에서 왔다, ~출신 이다'를 표현한다. mistä
또한 mikä의 향외격이다. Mistä maasta에서 볼 수 있듯이 '어느
나라에서(부터)'라는 의미를 만들기 위해서는 mistä 뿐만 아니라
maa도 향외격이 되어야 한다.

tulla 동사 대신 olla 동사를 쓸 수 있다. 또한 olla kotoisin
(+향외격)으로 '~출신이다'라고 표현하는 것도 가능하다.

A: **Mistä maasta** sinä olet? 어느 나라에서 왔나요?
    미스타 마-스타 시나 오렛
B: Olen **Koreasta**. Olen kotoisin **Koreasta**. 한국에서 왔어요.
    오렌 꼬레아스타 오렌 꼬또이신 꼬레아스타 저는 한국 출신입니다.

3. 향외격과 탈격

대부분의 지명에는 향외격이 붙는다. 예외적으로 6과에서 본
것과 같이 재내격이 아닌 재상격(lla/llä)이 붙는 지명들은
향외격을 쓰는 것이 아니라 탈격(lta/ltä)을 써야 한다.

- 향외격
: **Suomesta** 핀란드에서부터 **Amerikasta** 미국에서부터
 Englannista 영국에서부터
- 탈격
: **Venäjältä** 러시아에서부터 **Tampereelta** 탐페레에서부터

65

4. 속격과 소유접미사

소유(~의)의 뜻을 나타내는 격을 속격이라 하며 간단히 어간에
n을 붙여 만든다. 따라서 반대로 단어의 어간을 찾는 방법 또한
해당 단어 속격에서 n을 떼면 쉽게 알 수 있다.

maa(나라) – maan (나라의)
lasi (유리) – lasin (유리의)
kone(기계) – koneen (기계의) (e 첨가된 이유는 6과 참조)
　　　　→ konee가 어간임을 알 수 있다.
tuli (불) – tulen (불의) (i가 e로 바뀐 이유는 4과 참조)
　　　　→ tule 가 어간임을 알 수 있다.

인칭대명사의 속격은 다음과 같다.

나의	minun 미눈
당신의	sinun 시눈
그(그녀)의	hänen 하넨
우리들의	meidän 메이단
당신들의	teidän 테이단
그들의	heidän 헤이단

또한 인칭대명사의 속격이 수식하는 단어에도 뒤에 소유접미사를 붙여줘야 한다.

나의	-ni
당신의	-si
그(그녀)의	-nsa/nsä
우리들의	-mme
당신들의	-nne
그들의	-nsa/nsä

'나의 친구'가 minun ystäväni 가 되는 것은 이 때문이다. 따라서 ystäväni 만으로도 '나의 친구'로 해석되기 때문에 인칭대명사 속격은 생략 가능 하다.

(minun) ystäväni 나의 친구
미눈   위스타바니
(sinun) ystäväsi 너의 친구
시눈   위스타바시
(hänen) ystävänsä 그(녀)의 친구
하넨   위스타반사
(meidän) ystävämme 우리들의 친구
메이단   위스타밤메

단복수주격 및 속격에 소유 접미사가 붙을 때에는 격 어미 (복수 t, 속격 n)가 생략되며, 소유 접미사는 격어미 다음에 붙는다.

auto-sta 차에서 + si 당신의 = auto-sta-**si** 당신 차에서(부터)
huonee-ssa 방에 +ni 나의 = huonee-ssa-**ni** 나의 방에
(huone에 e가 추가된 이유는 6과 참조)

★ 의문사 정리

milloin	언제
missä	어디서
mikä	무엇을
miten	어떻게
miksi	왜
kuka	누가
millainen	어떤
mihin aikaan	몇 시에

★ 단어: 사람 관련

aikuinen	성인	poika	소년
äiti	어머니	poika	아들
eno	외삼촌	setä	삼촌
isä	아버지	sisko	여자형제
isoäiti	할머니	täti	고모, 이모
isoisä	할아버지	tuttava	지인
lapsi	아이	tytär	딸
mies	남자	tyttö	소녀
miniä	며느리	vanhus	노인
nainen	여자	vauva	아기
nuorukainen	청년	vävy	사위
opettaja	교사	veli	남자형제
opiskelija	학생	ystävä	친구

*손 위 형제 자매에게는 iso를, 동생에게는 pikku를 붙여 구분한다.
예) 형, 오빠: isoveli   남동생: pikkuveli

Kappale 8 Mistä sinä tykkäät Suomessa?

Mari: **Mistä** sinä **tykkäät** Suomessa?

미스타 시나 뗏까앗 수오메사

Lumi: **Tykkään** saunasta.

뗏까안 사우나스타

Mari: Niin **minäkin**. Monet suomalaiset pitävät saunasta.

니인 미나킨 모넷 수오말라이셋 피따밧 사우나스타

Mistä sinä **et pidä** Suomessa?

미스타 시나 엣 삐다 수오멧사

Lumi: **En pidä** Suomen talvista. Aurinko laskee liian aikaisin.

엔 삐다 수오멘 탈비스타 아우린코 라스케- 리-안 아이카이신

8과 핀란드의 무엇을 좋아하세요?

마리: 핀란드의 무엇을 좋아하세요?

루미: 사우나를 좋아합니다.

마리: 그렇군요 저도요.

많은 핀란드인들이 사우나를 좋아합니다.

핀란드의 무엇을 안 좋아하세요?

루미: 핀란드의 겨울을 좋아하지 않습니다.

해가 너무 일찍 집니다.

> tykkäät, tykkään (tykätä) 좋아하다
>
> saunasta(sauna) 사우나
>
> ~kin 도
>
> monet 많은
>
> pitävät (pitää): 좋아하다
>
> talvista (talvi) 겨울
>
> aurinko 해
>
> laskee(laskea) 지다
>
> liian 매우
>
> aikaisin 일찍

1. 목적어가 향외격인 동사

tykätä와 pitää 모두 '좋아하다'는 뜻으로 향외격(sta/stä)의 목적어가 온다. tykätä 와 pitää의 목적어는 향외격이어야 하기 때문에 질문 시 '무엇을'에 해당하는 부분도 mikä가 아닌 mistä가 와야 한다. 어간은 각기 tykkää 와 pidä로, tykätä가 조금 더 구어적인 표현이다.

참고로 향외격은 '~에 대해'라는 뜻이 있어, 자주 쓰이는 구문으로 'Kiitos + 향외격'의 형태로 '~에 대해 감사하다'고 표현할 수 있다.

A: **Mistä** sinä pidät Suomessa? 핀란드의 무엇을 좋아합니까?
미스타 시나 삐닷 수오멧사

B: Pidän suomen kesa**stä**. 핀란드의 여름을 좋아합니다.
삐단 수오멘 케사스타

Puhun häne**stä**. 그 사람에 대해 이야기합니다.
뿌훈 하네스타

Kiitos kaike**sta**. 모든 것(kaikki)이 감사합니다.
끼또스 까이께스타

72

2. nen으로 끝나는 명사 및 형용사

nen으로 끝나는 명사는 본문에서 보다시피 보통 사람과 관련된 단어이다. nen으로 끝나는 명사와 형용사는 nen이 se로 바뀐 뒤 격어미가 붙는다. suomalainen의 복수형이 suomalaiset이 된 것도 이 때문이다.

단, 비정격 단수의 경우 e가 빠져 -sta/stä와 같은 형태가 된다.

suomalai**nen** → suomalaise + 격어미

suomalaise + t = suomalai<u>set</u> (복수)

예외) suomalaista (비정격)

3. '~도' 표현

'또한'이란 뜻의 myös(뮈오스)외에도 접미사를 이용하여 '~도'란 뜻을 나타낼 수 있다.

긍정문에서는 ~kin, 부정문에서는 ~kaan/kään을 붙인다.

minä**kin** 나도 (그래요)
미나킨

en minä**kään** 나도 (그렇지 않아요)
엔 미나카안

4. 자음전환

어간 마지막 자음이 p, t, k 로 이루어진 동사, 명사, 형용사 중 발음의 편의상 어미가 첨가될 때 어간이 교체 되거나 변화하는 경우(아래 표의 ①, ②라인 간의 전환)가 있는데 이를 자음전환 (consonant gradation)이라고 한다.

장음 pp, tt, kk와 단음 p, t, k간의 자음전환을 양적 자음전환이라고 하며 p, t, k가 탈락 혹은 다른 자음으로 변화하는 경우를 질적 자음전환이라고 한다. 또한 p, t, k가 장음에서 단음이 되거나 다른 자음으로 변하기 전인 ①라인을 강전환, 변한 결과인 ②라인을 약전환이라고 한다.

양적 자음전환은 반드시 일어나나 질적 자음전환은 몇몇 단어에서만 일어난다. Helsinki의 속격이 Helsingin이 된 이유도 Helsinki가 격변화시 nk가 ng로 바뀌는 질적 자음전환이 일어나는 단어이기 때문이다.

양적 자음전환

①	pp	tt	kk
②	p	t	k

질적 자음전환

①	p	t	k	k	ht	nt	nk	lt	rt	lke	rke	hke	mp
②	v	d	v*	탈락	hd	nn	ng	ll	rr	lje	rje	hje	mm

*매우 희소

★ 동사의 자음전환

동사의 자음전환에는 두 가지 유형이 있다. 두 유형 모두
동사의 3인칭은 항상 강전환한다. 또한 자음전환하는 동사는
동사 원형과 1인칭형의 어간 최후 자음이 다름을 볼 수 있기
때문에 이를 비교하면 자음전환 하는 동사를 쉽게 알 수 있다.

1) 동사의 원형에 강전환(①)의 자음이 있는 경우:
   1, 2 인칭에서만 자음전환(①강전환→②약전환)이 일어난다.

예) pitää 동사의 자음 t의 변화
   pitää 동사는 자음전환에 의해 1,2 인칭 변화 시 t가 d로
변화하여 어간이 pitä가 아닌 pidä가 된다. 3인칭 단수 및
복수에서는 다시 d 가 t로 돌아온다.

나는 좋아한다	minä	pidän
당신은 좋아한다	sinä	pidät
그(그녀)는 좋아한다	hän	pitää
우리들은 좋아한다	me	pidämme
당신들은 좋아한다	te	pidätte
그들은 좋아한다	he	pitävät

같은 유형의 동사: aikoa, lukea, auttaa, tietää, ymmärtää, lähteä

2) 동사의 원형에 약전환(②)의 자음이 있는 경우:
모든 인칭에서 자음전환(②약전환→①강전환)한다.

예) tykätä 동사의 자음 k의 변화
 tykätä의 k는 ②의 k로서 자음전환에 의해 인칭변화 시 k가
kk로 바뀐다. tykätä는 4그룹의 동사로 이 그룹의 어간은 뒤의
ta/tä 부분을 떼고 a/ä를 붙여서 만드는데 tykätä는 자음전환에
의해 어간이 tykkää가 된다.

나는 좋아한다	minä	tykkään
당신은 좋아한다	sinä	tykkäät
그(그녀)는 좋아한다	hän	tykkää
우리들은 좋아한다	me	tykkäämme
당신들은 좋아한다	te	tykkäätte
그들은 좋아한다	he	tykkäävät

같은 유형의 동사: tavata, pelätä, kuvitella, ajatella, kuunnella

 특히 이 유형의 동사 중 원형에는 없던 k가 인칭변화에서
튀어나오는 경우가 있는데 이는 '②탈락↔①k' 간의 자음전환이
일어났기 때문이다. pelätä(두려워하다)가 그 경우로 1인칭 단수는
pelkään이 된다.

76

★ 계절

계절의 경우 재상격을 이용하여 '~에'를 나타낸다.

주격			재상격	
봄	kevät 께밧	봄에	keväällä 께바알라	
여름	kesä 께사	여름에	kesällä 께살라	
가을	syksy 쉬ㅋ쉬	가을에	syksyllä 쉬ㅋ쉴라	
겨울	talvi 딸비	겨울에	talvella 딸벨라	

우스펜스키 성당 (Uspenskin Katedraali)

Kappale 9 Onko sinulla suomen sanakirjaa?

Lumi: **Onko sinulla** Suomen kielen sanakirjaa?
온코 시눌라 수오멘 끼에렌 사나끼ㄹ야-

Mari: **Ei**, valitettavasti **minulla ei ole** sellaista.
에이 바리뗏따바스티 미눌라 에이 오레 셀라이스타

Miksi sinä et osta oma sanakirjaa?
믹시 시나 엣 오스타 오마 사나끼ㄹ야-

Etkö tarvitse sitä joka päivä?
엣코 타르비체 시타 요카 빠이바

Lumi: Koska **minulla ei ole** rahaa.
코스카 미눌라 에이 오레 라하-

Mari: **Eikö sinulla ole** yhtään rahaa?
에이코 시눌라 오레 위ㅎ따안 라하-

Lumi: Totta kai on, mutta sanakirja on kallis.
똣따 카이 온 뭇타 사나끼ㄹ야 온 칼리스

9과 핀란드어 사전을 가지고 있나요?

루미: 핀란드어 사전을 가지고 있나요?

마리: 아뇨, 유감스럽게도 그런 것은 가지고 있지 않아요.

　　왜 본인의 사전을 사지 않나요?

　　그것이 매일 필요하지 않나요?

루미: 왜냐하면 돈을 가지고 있지 않아서요.

마리: 돈이 전혀 없어요?

루미: 물론 돈은 있지만 사전이 비싸요.

kielen (kieli) 언어

sanakirjaa (sanakirja) 사전

valitettavasti 유감스럽게도

sellaista 그러한 것

miksi 왜

omaa (oma) 자신의

osta(ostaa) 사다

tarvitse(tarvita) 필요하다

sitä(se) 그것

joka päivä 매일

koska 왜냐하면

rahaa(raha) 돈

yhtään 전혀

totta kai 물론

kallis 비싸다

1. 동사 tarvita: 필요하다

tarvita는 5그룹 동사로 어간은 마지막의 a/ä를 떼고 se를 붙여 tarvitse-가 된다.

나는 필요하다	minä	tarvitsen
너는 필요하다	sinä	tarvitset
그(그녀)는 필요하다	hän	tarvitsee
우리들은 필요하다	me	tarvitsemme
당신들은 필요하다	te	tarvitsette
그들은 필요하다	he ·	tarvitsevat

2. 소유 표현

핀란드어는 직접적으로 '가지다'를 의미하는 동사가 없기에 olla의 또 다른 의미인 '~에 있다'를 이용하여 소유의 뜻을 나타낸다. 이 경우 인칭대명사가 재상격으로 바뀜과 동시에 동사는 항상 olla의 3인칭 단수인 on을 쓴다.

나는~을 가지고 있다	Minulla	on
당신은~을 가지고 있다	Sinulla	on
그(그녀)는~을 가지고 있다	Hänellä	on
우리들은~을 가지고 있다	Meillä	on
당신들은~을 가지고 있다	Teillä	on
그들은~을 가지고 있다	Heillä	on

질문형은 Onko 다음에 인칭대명사의 재상격이 위치하고 목적어가 온다. '가지고 있다'라고 긍정하는 경우는 On 이라 대답한다.

나는~을 가지고 있나요?	Onko	minulla
당신은~을 가지고 있나요?	Onko	sinulla
그(그녀)는~을 가지고 있나요?	Onko	hänellä
우리들은~을 가지고 있나요?	Onko	meillä
당신들은~을 가지고 있나요?	Onko	teillä
그들은~을 가지고 있나요?	Onko	heillä

부정의 경우, 대답은 Ei 가 되며, 이때 목적어는 반드시 비정격을 써야 한다.

나는~을 가지고 있지 않다	Minulla	ei ole
당신은~을 가지고 있지 않다	Sinulla	ei ole
그(그녀)는~을 가지고 있지 않다	Hänellä	ei ole
우리들은~을 가지고 있지 않다	Meillä	ei ole
당신들은~을 가지고 있지 않다	Teillä	ei ole
그들은~을 가지고 있지 않다	Heillä	ei ole

3. 비정격 목적어 (2)

1) 정해지지 않은 양을 나타내는 물질명사, 추상명사, 셀 수 없는 명사가 목적어인 경우 비정격을 쓴다.

Hän juo paljon vettä. 그는 많은 양의 물을 마신다.
한 유오 팔욘 베타
Minulla on rahaa. 나는 돈을 가지고 있습니다.
미눌라 온 라하-

2) kirja와 같이 셀 수 있는 명사가 목적어인 경우 비정격일 때와 주격일 때 의미의 차이가 있다. 목적어를 한정하는 경우 주격(대격)을 쓰고, '그것'이라고 지칭할 필요가 없는 막연한 대상일 경우 비정격을 쓴다.

또한 동사의 행동이 끝났음을 나타내면 대격, 막연하게 '하고 있는 중이다'와 같이 결과를 표현하지 않는다면 비정격을 쓴다.

Onko sinulla sanakirja? '그' 사전을 가지고 있나요?
온코 시눌라 사나끼르야
Onko sinulla sanakirjaa? 사전 (아무것이나) 가지고 있나요?
온코 시눌라 사나끼르야-

Kirjoitin kirjeen. 편지를 다 썼습니다.
끼르요이틴 키르예엔
Kirjoitin kirjettä. 편지를 쓰고 있었습니다.
끼르요이틴 키르예타

3) 부정문의 경우에는 명사와 관련 없이 무조건 비정격 목적어를 써야 한다.

Minulla ei ole rahaa. 저는 돈이 없습니다.
미눌라 에이 오레 라하-
Minulla ei ole sanakirjaa. 저는 사전이 없습니다.
미눌라 에이 오레 사나끼르야-

4) muistuttaa(상기시키다, 닮다), auttaa(돕다), tarkoittaa(의미하다), käyttää(쓰다), rakastaa(사랑하다)처럼 항상 비정격을 목적어로 취하는 동사도 있으며, 보통 비결과적인 것을 표현하는 동사(감정, 의견, 의미 관련)가 비정격을 목적어로 쓴다.

Mari rakastaa häntä. 마리는 그를 사랑한다.
마리 라카스타- 한타
Auta minua. 나를 도와주세요.
아우타 미누아

4. 재상격 소유 표현을 이용한 신체 감각 표현

Minulla on의 패턴은 신체 감각을 표현하는 데에도 사용 된다.

Minulla on   flunssa. / kiire.   감기에 걸렸습니다. / 바쁩니다.
             프룬싸   끼-레
             jano. / nälkä.   목이 마릅니다. / 배가 고파요.
             야노   날카
             kuuma. / kylmä.   더워요. / 추워요.
             꾸-마   뀔마

★ 동사 그룹 정리

2그룹 동사만 -da/dä뗀 상태가 3인칭 단수형이며, 이외 그룹의 3인칭 단수는 어간 마지막 모음을 반복해준다. osata처럼 어간이 이미 -aa/ää로 끝나는 경우도 어간이 그대로 3인칭 단수형이 된다. 지금까지 배워온 동사 그룹을 정리하면 다음과 같다.

1그룹	2그룹
이중, 장 모음으로 끝나는 동사 (-a/ä로 끝) 어간: 마지막 a/ä를 뗀다. 예) puh<u>ua</u>(4과), as<u>ua</u>, pit<u>ää</u>, ost<u>aa</u>, ott<u>aa</u>	-da/dä로 끝나는 동사 어간: da/dä를 뗀다. *da/dä를 뗀 어간이 그대로 3인칭 단수형이 됨을 주의 예) syödä (5과), voida, käydä, juoda
3그룹	4그룹
-la/lä, -na/nä, -ra/rä, 및 -sta/stä로 끝나는 동사 어간: la/lä, na/nä, ra/rä를 e로, sta/stä를 se로 바꿔준다. 예) tulla (7과), päästä, kävellä, luulla	-ta/tä로 끝나는 동사 (-sta/stä, ita/itä, eta/etä로 끝나는 동사 제외) 어간: ta/tä를 a/ä로 바꿔준다. 예) osata (4과), avata, levätä, tavata
5그룹	6그룹
-ita/itä로 끝나는 동사 어간: ita/itä의 a/ä를 se로 (-itse-)바꿔준다. 예) tarvita (9과), valita	-eta/etä로 끝나는 동사 어간: eta/etä의 ta/tä를 ne로 바꿔준다. 예) paeta, vanheta, kylmetä

* 4,5,6 그룹의 동사 중에는 예외적으로 변화하는 동사도 있다.

6그룹 동사 예시) vanheta: 늙다 (어간: vanhene-)

나는 늙는다	minä	vanhen**en**
너는 늙는다	sinä	vanhe**net**
그(그녀)는 늙는다	hän	vanhe**nee**
우리들은 늙는다	me	vanhe**nemme**
당신들은 늙는다	te	vanhe**nette**
그들은 늙는다	he	vanhe**nevat**

암석교회로 유명한 템펠리아우키오 교회(temppeliaukion kirkko) 내부

Kappale 10 Paljonko tämä maksaa?

Lumi: **Paljonko tämä maksaa?**

팔욘코　　타마　　막사-

Myyjä: **Se maksaa** kaksitoista euroa viisi senttiä.

세 막사- 깍시또이스타 에우로아 비-시 센띠아

Lumi: Se on vähän kallis.

세　온 바한　칼리스

Myyjä: Entä tämä? **Tämä maksaa** kuusi euroa.

엔타　타마　　타마　　막사-　쿠-시 에우로아

Lumi: Onpa halpa! Otan **tämän.**

온빠　　할빠 오딴　타만

Myyjä: Tarvitsetko vielä jotain muuta?

따르비쳇코 비엘라 요타인 무-따

Lumi: En, kiitos.

엔 끼-또스

10과 이것은 얼마입니까?

루미: 이것은 얼마입니까?

점원: 12유로 5센트입니다.

루미: 그것은 조금 비싸네요.

점원: 이것은요? 이것은 6유로입니다.

루미: 싸네요! 이것을 주세요.

점원: 그 외 다른 것은 필요 없으세요?

루미: 아뇨 괜찮습니다.

---

paljonko 얼마나~입니까

maksaa (값이) ~이다

myyjä 점원

kaksitoista 12

euroa (euro) 유로

viisi 5

senttiä (sentti) 센트

kallis 비싸다

kuusi 6

pa/pä 화자의 놀람을 표현

halpa 싸다

otan(ottaa) 잡다

tämän(tämä) 그것을

tarvitset(tarvita) 필요로 하다

vielä: 다른, 또 하나의

jotain(jokin*) 무엇인가

muuta(muu) 그 외에

---

*jokin

jokin은 격 변화 시 -kin이 변화하는 것이 아니라 jo-다음 부분이 격변화 한다. 참고로 jokin의 k는 격에 따라 생략 가능한 경우가 있다.

예) 비정격 jota(k)in 속격 jonkin 향내격 jossa(k)in

1. 가격 묻기

가격을 묻는 법은 Paljonko ~ maksaa? 이다. 한 개의 가격일 때는 maksaa를, 복수의 가격일 때는 maksavat을 쓴다. Tämä/se/tuo on 다음 형용사가 오면 '이, 그, 저것이 ~하다'라는 뜻이 된다.

Se maksaa kolme euroa.   그것은 3유로 입니다.
세 막사- 꼴로메 에우로아

Ne maksavat kolme euroa.   그것들은 3유로 입니다.
네 막사밧 꼴로메 에우로아

2. 숫자와 비정격

숫자를 말할 때 주의해야 할 것은 1을 제외한 2 이상의 숫자 뒤에 오는 명사는 비정격이 와야 한다는 점이다. 수량을 나타내는 단어 및 단위 표현 뒤에 오는 명사 또한 마찬가지이다.

yksi euro 1유로 → kaksi euroa 2유로
윅시 에우로   깍시 에우로아

kaksi litraa maitoa   2리터의 우유
칵시 리트라 마이토아

3. 속격목적어 (대격)

본문에서는 tämä의 속격인 tämän이 쓰여 '이것을'이란 뜻을 나타내었다. 9과에서 목적어로 비정격이 오는 경우를 배웠는데, 이 비정격 외의 목적어에 붙는 어미(-n, -t, 주격)를 모두 합쳐 대격(accusative)이라고 부른다. 따라서 비정격이 목적어로 오는 경우(9과 참조)에 해당되지 않으면 대격 어미가 목적어로 쓰이게 된다.

특히 속격(-n) 목적어가 쓰이는 경우는 계속적인 동작이나 상태를 나타내지 않는 (동사 행위가 결과적) 긍정문에서 목적어가 단수 가산 명사인 경우로만 한정된다. 복수인 경우 복수형 어미 (-t)를 그대로 붙여 목적어를 표시한다. 본문에 나온 지시대명사의 속격(대격)은 아래와 같다.

이것의/이것을	tämän	이것들의/이것들을	näiden
그것의/그것을	sen	그것들의/그것들을	noiden
저것의/저것을	tuon	저것들의/저것들을	niiden

Hän lukee kirjaa joka päivä. 그는 매일(joka päivä) 책을 읽는다.
한 루케 키리야 요카 파이바
(→ 특정 책이 아닌 아무 책이나 읽는다는 의미)
Hän lukee kirjan. 그는 그 책을 읽는다.
한 루케 키리얀
Hän lukee kirjat. 그는 그 책들을 읽는다.
한 루케 키리얏

단, 위와 같은 조건을 만족하는 목적어가 인칭대명사 및 kuka(누구)인 경우에는 대격으로 속격이 아닌 -t어미를 붙여야 한다. kuka의 복수형 ketkä는 대격도 같은 형태이다.

주격		대격	
나	minä	나를	**minut**
당신	sinä	당신을	**sinut**
그/그녀	hän	그(녀)를	**hänet**
누구	kuka	누구를	**kenet**
우리들	me	우리들을	**meidät**
당신들	te	당신들을	**teidät**
그들	he	그들을	**heidät**
누구들	ketkä	누구들을	**ketkä**

Haluan nähdä **sinut**.　너를 보고 싶다.
할루안 나ㅎ다 시눗

Eilen minä tapasin **hänet** hotellissa.
에일렌 미나　타파신　하넷　호텔리싸
어제 나는 그를 호텔에서 만났다.

또한 위의 속격목적어가 쓰여질 조건을 갖춘 문장이라도 명령문 (11과 참조), 수동태 문장 (13, 14과 참조), 의무를 나타내는 täytyy 등이 들어간 문장 (14과 참조)의 경우 목적어로 주격 (인칭대명사의 경우는 대격)이 사용된다.

단, 부정문과 같이 목적어로 비정격을 사용하는 경우는 그대로 비정격을 사용한다.

★ 단어: 식품관련

leipä	빵	papu	콩
voileipä	샌드위치	tomaatti	토마토
pitsa	피자	paprika	후추
hampurilainen	햄버거	kaali	양배추
suklaa	초콜릿	yrtti	허브
riisi	쌀	peruna	감자
kananmuna	달걀	sipuli	양파
kana	닭	valkosipuli	마늘
nauta	소	porkkana	당근
porsas	돼지	hedelmä	과일
poro	순록	omena	사과
kinkku	햄	päärynä	배
makkara	소시지	persikka	복숭아
juusto	치즈	viinirypäle	포도
hirvi	사슴	appelsiini	오렌지
ankka	오리	sitruuna	레몬
tonnikala	참치	banaani	바나나
rapu	게	ananas	파인애플
katkarapu	새우	mansikka	딸기
herne	완두콩	mustikka	블루 베리

★ 숫자 읽기

1) 1~10

1	yksi	윅시
2	kaksi	칵시
3	kolme	콜메
4	neljä	넬야
5	viisi	비-시
6	kuusi	쿠-시
7	seitsemän	세잇제만
8	kahdeksan	까흐덱산
9	yhdeksän	위흐덱산
10	kymmenen	퀸메넨

2) 11~19 : 11에서 19까지는 1~9 뒤에 toista를 붙인다.

11	yksitoista	윅시도이스따
12	kaksitoista	칵시도이스따
13	kolmetoista	콜메도이스따
14	neljätoista	넬야도이스따
15	viisitoista	비-시도이스따
16	kuusitoista	쿠-시도이스따
17	seitsemäntoista	세잇제맨도이스따
18	kahdeksantoista	까흐덱산도이스따
19	yhdeksäntoista	위흐덱산도이스따

3) 10 단위: 10단위는 1~9뒤에 kymmentä를 붙인다.

10	kymmenen	퀸메넨
20	kaksikymmentä	칵시퀸멘따
30	kolmekymmentä	콜메퀸멘따
40	neljäkymmentä	넬야퀸멘따
50	viisikymmentä	비-시퀸멘따
60	kuusikymmentä	쿠-시퀸멘따
70	seitsemänkymmentä	세잇제맨퀸멘따
80	kahdeksankymmentä	까흐덱산퀸멘따
90	yhdeksänkymmentä	위흐덱산퀸멘따

4) 20~29: 21부터는 20 뒤에 1~9를 붙여준다.

20	kaksikymmentä	칵시퀸멘따
21	kaksikymmentäyksi	칵시퀸멘따윅시
22	kaksikymmentäkaksi	칵시퀸멘따칵시
23	kaksikymmentäkolme	칵시퀸멘따콜메
24	kaksikymmentäneljä	칵시퀸멘따넬야
25	kaksikymmentäviisi	칵시퀸멘따비-시
26	kaksikymmentäkuusi	칵시퀸멘따쿠-시
27	kaksikymmentäseitsemän	칵시퀸멘따세잇제맨
28	kaksikymmentäkahdeksan	칵시퀸멘따까흐덱산
29	kaksikymmentäyhdeksän	칵시퀸멘따위흐덱산

5) 기타

100	sata	사따
1000	tuhat	뚜핫
10,000	kymmenentuhatta	퀸메넨뚜핫타
100,000	satatuhatta	사따뚜핫타
1,000,000	miljoona	밀요-나

Kappale 11 Missä on lähin bussipysäkki?

Lumi: Miten pääsen rautatieasemalle?

미텐 파-센 라우타티에마세말레

Ohikulkija: **Kävele** ensin suoraan eteenpäin **ja** sitten vasemmalle.

카벨레 엔신 수오라안에테엔파인 야 시텐 바셈말레

Lumi: Kuinka kaukana se on?

쿠인카 카우카나 세 온

Ohikulkija: Se on sadan metrin päässä.

세 온 사단 메트린 파아사

Lumi: Entä missä on lähin bussipysäkki?

엔타 미사 온 라힌 부시퓌삿끼

Ohikulkija: **Mene** ensin oikealle, sitten heti vasemmalle.

메네 엔신 오이케알레 시텐 헤티 바셈말레

Lumi: Kiitos.

키-토스

11과 가장 가까운 버스정류장은 어디인가요?

루미: 어떻게 기차역에 갈 수 있나요?

행인: 먼저 앞으로 똑바로 간 다음에 왼쪽입니다.

루미: 그곳은 얼마나 머나요?

행인: 100미터 정도 됩니다.

루미: 그럼 가장 가까운 버스정류장은 어디인가요?

행인: 먼저 오른쪽으로 간 다음 바로 왼쪽입니다.

루미: 감사합니다.

miten 어떻게
pääsen (päästä) 도착하다, 가다
rautatieasemalle
(rautatieasema) 기차역
ohikulkija 행인
kävele (kävellä) 걷다
ensin 먼저
suoraan 똑바로
eteenpäin 앞으로
ja 그리고
vasemmalle (vasen) 왼쪽으로
kuinka kaukana 얼마나 멀리
sadan (sata) 100
metrin (metri) 미터
(속격+) päässä ~만큼 떨어진
entä 그렇다면
lähin 가장 가까운
bussipysäkki 버스정류장
mene (mennä) 가다
oikealle (oikea) 오른쪽으로
sitten 그다음
heti 바로

1. 동사 päästä: 다다르다

päästä 동사는 3그룹 동사로 어간은 뒤에서 두 번째까지 떼어주고 e를 붙여준다.

나는 다다르다	minä	pääsen
너는 다다르다	sinä	pääset
그(그녀)는 다다르다	hän	pääsee
우리들은 다다르다	me	pääsemme
당신들은 다다르다	te	pääsette
그들은 다다르다	he	pääsevät

2. 접속사

ja는 '그리고, 그래서'라는 뜻을 가진 접속사이다. 이 외에 자주 쓰이는 접속사를 정리하면 아래와 같다.

ja(그리고), mutta(그러나), koska(왜냐하면), vaikka(~이지만), tai(혹은), vai(또는, *둘 중 하나 선택하는 질문 시), kun(~할 때, ~이기에), ennen kuin(~하기 전에), jos(만약), sekä A että B (A와 B 둘다), joko A tai B (A이거나 혹은 B), ei A eikä B (A나 B 어느것도 아닌, *ei 및 eikä 앞의 ei 모두 부정동사로 주어에 따라 변화함에 주의)

3. 향격과 향내격

향격과 향내격을 이용하여 그 방향으로 향하고 있음을 표현한다.

향격의 격어미는 lle로 간단히 속격의 -n을 빼고 -lle을 붙여주면 된다. 기본적으로 표면 위 혹은 밖으로 향하는 것을 나타낼 때 쓴다.

반대로 안쪽으로 향하거나 들어갈 경우 향내격을 써서 표현한다. (만드는 법은 13과 참조)

Menen rautatieasemalle. 나는 기차역에 간다.

메넨 라우타티에아세말레

→ rautatieasema의 향격이 쓰였기에 기차역 쪽으로 향한다는 것을 의미한다.

Menen kirjastoon. 나는 서점에 간다.

메넨 끼ㄹ야스또온

→ kirjasto의 향내격이 쓰였기에 서점 안으로 들어감을 의미한다.

4. 명령문

1인칭 단수 명령문은 동사 1인칭 단수형의 n을 떼면 된다.
또한 명령문 발음시 마지막에 받침 ㅅ을 넣어 발음하는
느낌으로 강조하여 발음한다.

Tulen 나는 온다 → Tule! 와라
뚜렌   뚜렛
Menen 나는 간다 → Mene! 가라
메넨   메넷
Puhun 나는 말한다 → Puhu! 말해라
뿌훈   뿌훗

★ 장소격 정리

핀란드어의 장소격은 총 6가지로 기본적으로 '속에, 속에서,
속으로'의 뜻을 가지는 내부격과 '위(표면)에, 위(표면)에서,
위(표면)로'의 뜻을 가지는 외부격이 있다.
  내부격과 외부격 중 어느 쪽을 사용할지는 단어에 따라
정해져 있다. 특히 9과의 minulla on에서와 같이 사람과 관련된
격은 외부격을 쓴다.

	내부격: 속	외부격: 위, 표면
~에	재내격(-ssa/ssä)	재상격(-lla/llä)
~에서(부터)	향외격(-sta/stä)	탈격(-lta/ltä)
~으로	향내격(-직전모음+n 등)	향격(-lle)

1) 내부격

재내격	향외격	향내격
talo**ssa**	talo**sta**	talo**on**
집(안)에(있다)	집(안)에서(온다)	집(안)으로(간다)

2) 외부격

재상격	탈격	향격
tuoli**lla**	tuoli**lta**	tuoli**lle**
의자(위)에(있다)	의자(위)에서(온다)	의자(위)로(간다)

Kappale 12 Mitä kello on nyt?

Lumi: Mitä Marko **tekee** nyt?

미따 마르코 떼케- 닛

Mari: Hän on kurssi**lla**. **Mitä kello on nyt?**

한 온 쿠르실라 미타 켈로 온 닛

Lumi: **Kello on puoli viisi.**

켈로 온 뿌오리 비-시

Mari: Niinkö? Joko se on niin paljon? Olen myöhässä kurssilta.

닌코 요코 세 온 닌 팔욘 오렌 뮈오하사 쿠르실타

Lumi: Anteeksi, olin väärässä.

안테-ㅋ시 올린 바라싸

Luulen, **että** kelloni on väärässä ajassa.

루-엔 에타 켈로니 온 바라싸 아야쌰

Se on viisitoista yli neljä.

세 온 비-씨토이스타 윌리 넬리야

12과 지금 몇 시인가요?

루미: 지금 마르코는 무엇을 하고 있죠?
마리: 그는 지금 수업 중이에요.
　　　지금 몇 시인가요?
루미: 4시 30분입니다.
마리: 그래요? 벌써 그렇게 되었나요? 제 수업에 늦겠어요.
루미: 미안해요, 제가 틀렸네요.
　　　제 시계가 잘못되었다고 생각해요.
　　　4시 15분입니다.

tekee (tehdä) 하다
nyt 지금
kurssilla, kurssilta (kurssi) 수업
kello 시간, 시계
puoli 반
jo 이미, 벌써
niin 그렇게나, 그러한
myöhässä 늦은
olin (olla 동사의 1 인칭 단수 과거)
väärässä 잘못된
ajassa (aika) 시간
luulen (luulla) 생각하다

1. 동사 tehdä: 하다

tehdä 동사는 nahdä 동사와 함께 원형에서 -ke-가 h로 대체된 예외적인 형태이면서 자음전환이 일어나는 동사이다. 따라서 원형에만 보이지 않았을 뿐 존재하던 k가 1,2 인칭에서는 탈락하고 3인칭에서만 강전환으로 다시 나타나게 된다. (8과 동사의 자음전환 참조) 사용 빈도가 높은 동사들이므로 이 예외적인 변화를 꼭 숙지하도록 하자.

tehdä: 하다 (어간: tee)

나는 한다	minä	teen 테엔
너는 한다	sinä	teet 테엣
그(그녀)는 한다	hän	tekee 테케-
우리들은 한다	me	teemme 테엠메
당신들은 한다	te	teette 테엣테
그들은 한다	he	tekevät 테케밧

nahdä: 보다 (어간: näe)

나는 본다	minä	näen 나엔
너는 본다	sinä	näet 나엣
그(그녀)는 본다	hän	näkee 나케-
우리들은 본다	me	näemme 나엠메
당신들은 본다	te	näette 나엣테
그들은 본다	he	näkevät 나케밧

2. 시간 묻고 답하기

시간을 묻는 법은 Mitä 혹은 Paljonko 다음 kello on? 을 붙여준다. 답변은 Kello on 혹은 Se on 다음 시간을 말해준다.

Paljonko kello on? = Mitä kello on? 몇 시 입니까?

4시 15분의 경우, 경과를 나타내는 yli 를 써서 viisitoista (minnuttia) yli neljä 와 같이 4시 하고도 15분이 지났다고 쓴다. 또한 15의 경우 1/4를 뜻하는 vartti의 비정격 varttia를 이용해 나타낼 수도 있다. yli의 경우 속격인 vartin과도 같이 쓰인다.

4: 15   viisitoista (minuuttia) **yli** neljä 혹은 varttia / vartin **yli** neljä

반면 4시 되기 15분 전, 즉 3시 45분을 이야기하려면 vaille (혹은 vailla)를 이용하여 viisitoista vaille neljä 라고 해야 한다.

3: 45   viisitoista (minuuttia) **vaille** neljä 혹은 varttia **vaille** neljä

'~시 반'을 이야기 할 때는 puoli 다음 '시각+1'한 숫자를 이야기해야 한다. 본문에서 puoli viisi 는 '5시 되기 30분 전'이기에 4시 30분을 의미한다.

4: 30   **puoli** viisi

구어상에서는 숫자를 그대로 읽어서 4시 15분을 neljä viisitoista로, 3시 45분을 kolme neljäkymmentäviisi 라고 쓸 수도 있다. 또한 yli 나 vaille를 써서 이야기 할 때 분에 해당하는 숫자를 비정격으로도 쓸 수 있다.

4:5   viisi yli neljä 혹은 viittä yli neljä (viittä는 5의 비정격)

3. että절

että는 영어의 that의 역할을 하여, että절이 문장에서 목적어 역할을 할 수 있다.

Olen iloinen, **että** pidät siitä.
올렌 일로이넨 에따 피댓 시-따
당신이 그것을 좋아해줘서 기쁩니다.

Tiedätkö, **että** hän tulee. 그(녀)가 온 것을 아시나요?
띠에닷코 엣타 한 투레

4. '~하는 중이다' 표현

'Hän on kurssilla. (수업 중이다)'와 같이 olla 동사에 명사에 따라 재내격 혹을 재상격을 사용하여 단순히 그 장소에 있다는 의미 외에 진행을 나타내기도 한다. 'Olla + 명사의 재내격/재상격' 형태로 일정 시간 내에 일어난 일을 나타낼 수 있다. (일반 동사를 이용한 표현은 19과 제3부정사 참조) 명사에 따라 재내격과 재상격을 쓰는 단어가 정해져 있다.

Olen + **lomalla.** / **töissä.** 휴가 중/ 일하는 중입니다.
          로말라   또이싸
          matkalla. / **ostoksilla.** 여행 중/ 쇼핑 중입니다.
          맛칼라   오스톡실라
          puhelimessa. 전화 통화 중입니다.
          뿌헤리메싸
          suihkussa. 샤워 중입니다.
          수이ㅎ쿠싸

★ 단어: 기초 동사

antaa	주다	myydä	팔다
asua	살다	nähdä	보다
auttaa	돕다	nukkua	자다
haluta	원하다	opiskella	공부하다
istua	앉다	ostaa	사다
juoda	마시다	ottaa	따다, 잡다
katsoa	보다	piirtää	그리다
kävellä	걷다	puhua	이야기하다
käydä	방문하다	rakastaa	사랑하다
käyttää	사용하다	sanoa	말하다
kirjoittaa	쓰다	syödä	먹다
kuulla	듣다	tavata	만나다
lähteä	떠나다	tehdä	만들다, 하다
lainata	빌려주다	tietää	알다
laulaa	노래하다	tulla	오다
lukea	읽다	tuoda	가지고 오다
luulla	생각하다	uida	수영하다
mennä	가다	ymmärtää	이해하다

Kappale 13 Milloin yliopiston kirjasto on auki?

Lumi: Onko kirjasto keskustan **lähellä**?
온코 키르야스토 케스쿠스탄 라헬라

Mari: Kyllä. Yliopiston kirjasto on aivan lähellä.
퀼라 윌리오피스톤 키르야스토 온 아이반 라헬라

Mutta sinä et voi käyttää yliopiston kirjastoa
뭇타 시나 엣 보이 카윗타- 윌리오피스톤 키르야스토아

ilman opiskelijakorttia.
일만 오피스케리야꼬룻띠아

Lumi: Milloin yliopiston kirjasto on auki?
밀로인 윌리오피스톤 키르야스토 온 아우키

Mari: Maanantai**sta** perjantai**hin** kahdek**sasta** seitsemä**än**,
마-난타이스타   페르얀타이힌 카ㅎ덱사스타   세이제마안

mutta se on nyt suljettu remonti**n takia**.
뭇타 세 온 닛 술엣투 레논틴 타키아

Lumi: Milloin se **avataan** uudelleen?
밀로인 세 아바타안 우-델레엔

Mari: Ehkä **kahden** kuukauden **kuluttua**, elokuussa.
에ㅎ카 카ㅎ덴   쿠-카우덴   쿠룻투아 엘로쿠-싸

13과 대학 도서관은 언제 문을 여나요?

루미: 도서관은 시내에서 가깝나요?

마리: 예, 대학교 도서관은 꽤 가까워요.
그러나 학생증 없이는 대학 도서관을
이용할 수 없어요.

루미: 대학 도서관은 언제 문을 여나요?

마리: 월요일부터 금요일까지 8시부터
7시까지입니다만, 그곳은 지금 수리
때문에 문을 닫았어요.

루미: 언제 다시 열까요?

마리: 아마 2개월 후, 8월 달에요.

kirjasto 도서관
keskustan (keskusta) 시내
(속격+) lähellä
~의 근처에, 가까운
aivan 꽤
voi (voida) 할 수 있다
(16과 참조)
käyttää 이용하다
ilman (+비정격) ~없이는
opiskelijakorttia
(opiskelijakortti) 학생증
milloin 언제
yliopiston (yliopisto)
대학교의
auki 열린
maanantaista (maanantai)
월요일부터
perjantaihin (perjantai)
금요일까지
suljettu 닫힌
remontin (remontti) 수리
(속격+) takia ~때문에
avataan (avata) 열리다
uudelleen 다시
ehkä 아마
kuukauden (kuukausi) 달
(속격+) kuluttua ~후에
elokuussa (elokuu) 8 월에

1. 향내격 만드는 법

본문의 perjantaihin, seitsemään은 모두 향내격이나 모양새가
단어에 따라 다르다.

1) 최후 모음이 하나이면 이를 반복해 준 뒤 n을 붙여준다.
   kirjasto → kirjasto**on**   yliolisto → yliopisto**on**

2) 어간이 1음절로 장모음, 이중모음으로 끝나면 h+최후모음+n
   maa(1음절 장모음) → ma**a**han   tie(1음절 이중모음) → ti**e**hen

3) 어간이 2음절 이상으로 장모음으로 끝나면 어간에 seen을
   붙여준다.
   Espoo(2음절 장모음) → Espoo**seen**
   Lontoo(2음절 장모음) → Lontoo**seen**

2. 향외격과 향내격

향외격과 향내격은 같이 쓰임으로써 '~부터 ~까지'라는 뜻을
나타낸다.

idästä länteen 동쪽부터 서쪽까지
이다스타 란테엔
maanantaista perjantaihin 월요일부터 금요일까지
마안타이스타   페ㄹ얀타이힌
kahdeksasta seitsemään 8시부터 7시까지
카ㅎ덱사스타   세잇제마안

108

3. 전치사와 후치사

핀란드어에는 ilman korttia의 ilman과 같은 전치사도 있는 반면, 뒤에서 수식하는 후치사 또한 존재한다. 전치사 다음에는 보통 비정격이 오며 후치사는 속격 다음에 온다. 비단 속격 외에도 주격과 같이 쓰이는 sitten 등 특정 격과 같이 쓰이는 다양한 후치사들이 있다.

1) 전치사 (+비정격)
ennen(~전에), ilman(~없이), vailla(~없이), pitkin(~을 따라)

2) (속격+) 후치사
kanssa(~와 같이), maissa(~경), jälkeen(~후에), aikana(~동안), takia(~때문에), lähellä(~에서 가까운), puolesta(~를 대신하여)

*후치사 sitten, päästa(kuluttua)를 이용한 기간 표현

주격+ sitten: ~전		
tunti		1 시간 전
viikko	sitten	1 주일 전
kuukausi		1 달 전
vuosi		1 년 전
속격+ päästa 혹은 kuluttua: ~후		
tunnin		1 시간 후
viikon	päästa/kuluttua	1 주일 후
kuukauden		1 달 후
vuoden		1 년 후

4. 동사의 수동

avata의 뜻은 '열다'이나 수동태 avataan이 됨으로써 '열리다'라는 뜻이 되었다. (만드는 법은 14과 참조)
또한 동사의 주체가 명확하지 않을 때 수동형 문장이 쓰인다.

Se **avataan** elokuussa. 그것은 8월달에 열립니다.
세 아바타안 에로쿠-싸

Saksassa **juodaan** paljon olutta.
삭사싸 유오다안 팔욘 오룻타
독일에서는 맥주를 많이 마신다.

★ 요일과 상황격

요일에는 상황격 na를 붙여 '~에'를 나타낸다.

maanantai	월요일	maanantai**na**	월요일에
tiistai	화요일	tiistai**na**	화요일에
keskiviikko	수요일	keskiviikko**na**	수요일에
torstai	목요일	torstai**na**	목요일에
perjantai	금요일	perjantai**na**	금요일에
lauantai	토요일	lauantai**na**	토요일에
sunnuntai	일요일	sunnuntai**na**	일요일에

★ 월과 재내격

월의 경우 재내격을 사용하여 '~에'를 나타낸다.

tammikuu	1 월	tammikuussa	1 월에
helmikuu	2 월	helmikuussa	2 월에
maaliskuu	3 월	maaliskuussa	3 월에
huhtikuu	4 월	huhtikuussa	4 월에
toukokuu	5 월	toukokuussa	5 월에
kesäkuu	6 월	kesäkuussa	6 월에
heinäkuu	7 월	heinäkuussa	7 월에
elokuu	8 월	elokuussa	8 월에
syyskuu	9 월	syyskuussa	9 월에
lokakuu	10 월	lokakuussa	10 월에
marraskuu	11 월	marraskuussa	11 월에
joulukuu	12 월	joulukuussa	12 월에

Kappale 14 Mennäänkö kahville?

Mari: Mitä **aiot tehdä** tänään? **Mennäänkö kahville?**
미타 아이옷 테ㅎ다 타나안 메나안코 카ㅎ빌레

Lumi: Monesko päivä tänään on?
모네스코 파이바 타나안 온

Mari: Tänään on **yhdeksäs maaliskuuta.**
타나안 온 위ㅎ덱사스 마-리스쿠-따

Lumi: Valitettavasti tänään **minun täytyy opiskella** suomea.
발리텟타바스티 타나안 미눈 타이튀 오피스켈라 수오메아

Minulla on koe huomenna.
미눌라 온 코에 후오멘나

Mari: Entä onko sinulla aikaa ylihuomenna? **Mennään elokuviin.**
엔타 온코 시눌라 아이카- 윌리휘오멘나 메나안 엘로쿠빈

Lumi: Hyvä **ajatus. Nähdään** ylihuomenna!
휘바 아야투스 나ㅎ다안 윌리후오멘나

14과 커피 마시러 갈래요?

마리: 오늘 뭐 할거에요?

   커피 마시러 갈래요?

루미: 오늘 며칠이죠?

마리: 오늘은 3월 9일이에요.

루미: 유감스럽게도 오늘 저는 핀란드어를 공부해야 해요.

   내일 시험이 있어요.

마리: 그럼 모레는 시간 있나요? 영화 보러 가요.

루미: 좋은 생각이에요. 모레 봅시다!

aiot (aikoa) ~할 예정이다

tänään 오늘

kahville (kahvi) 커피

tehdä 하다

monesko päivä 며칠

valitettavasti 유감스럽게도

(속격 주어+) täytyy (+동사 원형) ~해야 한다

koe 시험

huomenna 내일

entä 그렇다면

aikaa (aika) 시간

ylihuomenna 모레

elokuviin (elokuva) 영화

ajatus 생각

nähdään (nähdä) 보다

1. 동사 aikoa: ~할 예정이다

동사 aikoa 는 뒤에 동사원형과 같이 쓰여 '~할 예정이다'라는 뜻을 나타낸다. aikoa는 1그룹 동사로, 어간은 마지막 a를 떼면 되나 동사의 자음전환이 일어나서 1,2 인칭에서는 k가 탈락된다.

나는 ~할 예정이다	minä	aion
당신은 ~할 예정이다	sinä	aiot
그(그녀)는 ~할 예정이다	hän	aikoo
우리들은 ~할 예정이다	me	aiomme
당신들은 ~할 예정이다	te	aiotte
그들은 ~할 예정이다	he	aikovat

2. s로 끝나는 명사와 형용사

ajatus와 같이 단모음 뒤 s로 끝나는 단어의 어간은 대개 s가 kse로 바뀌어 형성된다. 비정격은 s뒤에 바로 ta/tä가 온다. 이외에 s를 떼고 마지막 모음을 반복하여 어간을 형성하는 단어도 있으며 보통 s로 끝나는 형용사가 여기에 속한다. 장모음 내지 이중모음 뒤 s로 끝나는 명사의 경우 s가 te로 변화하여 어간을 형성한다.

ajatus(생각) → ajatuksen(속격), ajatusta(비정격)

rikas(부유한) → rikkaan(속격), rikasta(비정격)

oikeus(권리) → oikeuden(속격, 자음조화에 의해 t가 d로 변화), oikeutta(비정격, te의 e탈락)

3. 날짜와 서수

'~번째'등을 나타내는 서수는 기본적으로 기수에 s를 붙이나 아래와 같이 약간씩 변화한다. 몇 월 며칠인지를 말할 때 '월'은 비정격을, '일'은 숫자의 서수로 표현해야 한다.

1.	ensimmäinen	엔심마이넨
2.	toinen	또이넨
3.	kolmas	꼴마스
4.	neljäs	넬야스
5.	viides	비-데스
6.	kuudes	쿠-데스
7.	seitsemäs	세잇제마스
8.	kahdeksas	카ㅎ덱사스
9.	yhdeksäs	위ㅎ덱사스
10.	kymmenes	큄메네스
11.	yhdestoista	위ㅎ데스토이스타
12.	kahdestoista	카ㅎ데스토이스타
13.	kolmastoista	꼴마스토이스타
14.~19.	이하 서수 14.~19.에 toista 를 붙인다.	
20.	kahdeskymmenes	까ㅎ데스큄메네스
21.~29.	이하 서수 20.에 서수 1.~9.를 붙인다.	
30.	kolmaskymmenes	꼴마스큄메네스
40.~90.	이하 서수 4.~9.에 kymmenes 를 붙인다.	
100.	sadas	사다스
1000.	tuhannes	뚜한네스

4. 수동태를 이용한 청유

수동태 문장은 피동의 의미 외에 '~하자'라는 청유의 뜻으로도 쓰인다. 또한 본문에서와 같이 뒤에 ko/kö를 붙임으로써 '~하러 갈까요'와 같은 질문형으로도 만들 수 있다.

Nähdään 보이다, 보자 Nähdäänkö? 볼까요?
나흐다안   나흐다안코
Mennään 가지다, 가자 Mennäänkö? 갈까요?
멘나안   멘나안코
Tavataan 만나지다, 만나자 Tavataanko? 만날까요?
타바타안   타바타안코

상용적으로 kahville와 같이 향격이 동작을 나타내는 명사에 붙어 목적을 나타내는 경우가 몇 가지 있다.

Mennään retkelle. 여행 갑시다 (retki:여행)
렛켈레
oluelle. 맥주 마시러 갑시다 (olut:맥주)
오루엘레
ostoksille. 쇼핑 갑시다 (ostos:쇼핑)
오스톡실레
kävelylle. 산책 갑시다 (kävely:산책)
캐베튈레

5. 수동태 만드는 법

모음 두개로 끝나는 1그룹 동사와 다른 그룹의 동사의 수동태를 만드는 법이 다르나 기본적으로 an/än로 끝난다는 점에서 같다. 부정문을 만들 때는 수동태 긍정문의 -an/än을 떼고 동사 앞에 부정동사 ei를 넣으면 된다.

tarvit<u>aan</u> (필요로 하다) 부정: ei tarvita (필요로 하지 않는다)

1) 1그룹 동사: 어간에 taan/tään을 붙여주며, 자음조화가 있을 경우 ①→②방향(8과 참조)으로 변화한다. 이때 어간 마지막 모음이 a/ä이면 e로 바꾼 뒤 taan/tään을 붙여준다. 참고로 수동태 과거의 경우 taan/tään대신 ttiin을 붙인다.

maksaa → maks<u>e</u>**taan**(현재형) maks**ettiin**(과거형)

puhua → puhu**taan**(현재형) puhu**ttiin**(과거형)

lukea → lue**taan** (현재형, 자음조화로 k 탈락) lue**ttiin**(과거형)

kysyä → kysy**tään**(현재형) kysy**ttiin**(과거형)

2) 그 외 동사 그룹: 동사**원형**에 an/än를 붙여준다. 수동태 과거형은 -laan, -dään등의 마지막 부분을 tiin으로 바꿔준다. 단, tavata와 같이 -ta로 끝나는 동사는 ttiin을 붙인다.

tehdä → tehd**ään**(현재형) teh**tiin** (과거형)

käydä → käyd**ään**(현재형) käy**tiin**(과거형)

tavata → tavat**aan**(현재형) tava<u>t</u>**tiin**(과거형)

tulla → tull**aan**(현재형) tul**tiin**(과거형)

6. täytyy 구문

핀란드어에서 조동사를 쓸 때 조동사 다음 동사원형이 오는 것은 영어와 같으나 주어가 속격형이 온다는 것에서 큰 차이점이 있다. 예를 들어 täytyy는 '속격주어 + täytyy (혹은 on pakko) + 동사 원형'의 형태로써 '~해야 한다, ~할 필요성이 있다'는 뜻을 나타낸다.

속격주어+	**täytyy**	+원형	~해야 한다
	kannattaa		~하는 것이 좋다
	ei kannata		~안 하는 것이 좋다
	ei tarvitse		~할 필요는 없다

Sinun **täytyy** sanoa. 당신은 말해야 합니다.
시눈 따위뛰- 사노아

Täytyykö sinun mennä? 당신은 가야만 합니까?
따위뛰-꼬 시눈 멘나

Sinun **ei tarvitse** mennä sinne. 당신이 갈 필요는 없습니다.
시눈 에이 타르빗체 멘나 신네

참고로 '(의미상 속격주어) + olla동사 + 형용사 + 동사원형' 형태로 '(동사)하는 것은 (형용사)하다'라는 영어의 'It is 형용사 (for 주어) to 동사'에 해당하는 구문도 같이 알아두도록 하자.

On kiva nähdä Mari. 마리를 만나서 좋습니다.
온 키바 나흐다 마리

★ 단어: 장소 관련

apteekki	약국	palolaitos	소방서
alko	주점	pankki	은행
elintarvikemyymälä	식료품점	paperikauppa	문구점
elokuvateatteri	영화관	pesula	세탁소
huvipuisto	유원지	poliisiasema	경찰서
kahvila	카페	posti	우체국
kampaamo	미용실	puisto	공원
kauppahalli	시장	rahanvaihtotoimisto	환전소
kauppakeskus	쇼핑센터	ravintola	레스토랑
kenkäkauppa	신발가게	sairaala	병원
kirjakauppa	서점	suurlähetystö	대사관
kirjasto	도서관	tavaratalo	백화점
kirkko	교회	teatteri	극장
matkatoimisto	여행사	vaatekauppa	가게
museo	박물관	valintamyymälä	슈퍼마켓

★ 날

엊그제	어제	오늘	내일	모레*
toissapäivänä	eilen	tänään	huomenna	ylihuomenna

*모레는 내일 (huomenna)이 지난 다음 (yli) 이므로 ylihuomenna가 된다.

Kappale 15 Saanko viiniä?

Lumi: Tämä lohi **maistuu** hyvältä. **Saanko** viiniä?
타마 로히 마이스투- 휘발타 사안코 비-니아?

Tarjoilija: Otatteko puna- vai valkoviiniä?
오탓테코 푸나 바이 발코비-니아

Lumi: Mitä **te suosittelette**?
미타 테 수오싯테렛테

Tarjoilija: Meillä on hyvää valkoviiniä.
메일라 온 휘바- 발코비-니아

Lumi: Sitten minä otan sitä. Anteeksi. Missä on WC?
시텐 미나 오탄 시타 안테-ㄱ시 미사 온 베-쎄-

Tarjoilija: Se on **tuolla**. Men**kää tuonne**.
세 온 뚜올라 멘카- 뚜온네

15과 와인을 좀 주실래요?

루미: 이 연어 요리 맛있네요. 와인을 좀 주시겠어요?
종업원: 적포도주로 하시겠습니까,
　　　　아니면 백포도주로 하시겠습니까?
루미: 무엇을 추천하십니까?
종업원: 저희는 백포도주가 매우 좋습니다.
루미: 그럼 그것으로 할게요. 죄송한데요, 화장실은 어디인가요?
종업원: 저쪽입니다. 저쪽으로 가세요.

tarjoilija 종업원
lohi 연어
maistuu (maistua) ~의 맛이 나다
saanko (saada) ~를 가질 수 있나요?
viiniä (viini) 와인
punaviini 적포도주
valkoviini 백포도주
vai 혹은
suosittelette (suositella) 추천하다
sitten 그러면
WC 화장실
tuolla 저쪽
tuonne 저쪽으로

1. 동사 saada: 얻다

동사 saada는 '~해도 좋다', '얻다' 등 다양한 의미가 있다.

1인칭 의문형 saanko에 명사나 동사원형을 붙여 무엇인가를 부탁하거나 남에게 허락을 구하는 구문으로 자주 사용된다. 2인칭 Saat를 이용하여 '~해도 좋습니다'라는 허가의 의미로도 쓸 수 있다.

나는 얻다	minä	saan
당신은 얻다	sinä	saat
그(그녀)는 얻다	hän	saa
우리들은 얻다	me	saamme
당신들은 얻다	te	saatte
그들은 얻다	he	saavat

Saanko + 동사: ~해도 괜찮습니까?

Saanko kysyä? 좀 물어봐도 괜찮습니까?
사안코 퀴쉬아
(Kyllä) saat. 네 그러세요. / Et saa. 아니요 안됩니다.
퀼라 사앗   엣 사-

Saanko + 명사: ~를 주세요.

Saanko   vettä? 물을 주시겠어요? (vettä는 물 vesi의 비정격)
사안코   벳타

122

2. 2인칭 복수형을 이용한 공손한 표현

본문의 Mitä te suosittelette? 는 상대가 2인칭 복수일 때 쓰는 표현이나 상대가 혼자일 때도 사용할 수 있다. 2인칭 복수형을 쓰면 좀 더 공손하게 묻는 표현이 된다.

Mitä sinä suosittelet? 무엇을 추천해 줄래?
미따 시나 수오싯떼렛

Mitä te suosittelette? 무엇을 추천해 주시겠습니까?
미따 떼 수오싯뗄레떼

3. 탈격과 함께 사용되는 동사

maistua는 탈격과 함께 사용되어 '~의 맛이 나다'라는 뜻을 나타낸다. 보통 감정, 오감을 나타내는 동사가 탈격 내지 향격과 함께 같이 쓰인다. 질문 시에도 mikä의 탈격 miltä를 이용하여 질문해야 한다.

tuntua: ~라고 느껴진다
kuulostaa: ~라고 들린다
maistua: ~의 맛이 난다
tuoksua: ~의 향이 난다
haista: ~의 냄새가 난다
näyttää: ~라고 보여진다

Miltä ruoka maistuu? 음식 맛이 어때요?
밀타 루오카 마이스투-

Se maistuu hyvältä. 맛이 좋습니다.
세 마이스투- 휘발타

Tämä tuoksuu hyvältä. 이것은 향기가 좋습니다.
따마 뚜옥수- 휘발타

4. 2인칭 복수 명령형

Menkää tuonne의 Menkää는 mennä의 2인칭 복수 명령형이다. 복수 명령형은 2인칭 단수에게도 사용 가능하며 '~해 주세요'라는 공손한 부탁 표현이 된다.

1) 1~3그룹 동사: 동사원형에서 어미를 떼고 kaa/kää를 붙여주면 된다.

syö-dä → syö-kää 드세요
ol-la → ol-kaa 있으세요
nous-ta → nous-kaa 일어나세요

2) 4~6그룹 동사: 마지막이 -ta/tä로 끝나는 4그룹 이하의 동사의 경우 t를 그대로 둔 채 a/ä만 뗀 상태에서 kaa/kää를 붙여준다.

tavata → tavatkaa 만나세요
levätä → levätkää 쉬세요

★ 장소 부사 (1)

	~에(있다)	~부터(오다)	~로(가다)
여기	täällä	täältä	tänne
거기	siellä	sieltä	sinne
저기	tuolla	tuolta	tuonne
가까이	lähellä	läheltä	lähelle
멀리	kaukana	kaukaa	kauas

수오멘린나(Suomenlinna) 요새

★ 색

harmaa	회색	valkoinen	흰색
violetti	보라색	oranssi	주황색
vihreä	녹색	musta	검은색
sininen	파랑색	kultainen	금색
ruskea	갈색	keltainen	노란색
punainen	빨간색	hopeinen	은색

Minkä värinen Suomen lippu on?

핀란드의 국기는 무슨 색입니까?

Suomen lippu on valkoinen ja sininen.

핀란드의 국기는 백색과 청색입니다.

★ 단어: 음식 관련

aamiainen	아침 식사	maito	우유
alkuruoka	에피타이저	mauste	향신료
hillo	잼	mehu	주스
hunaja	꿀	muhennos	스튜
illallinen	저녁 식사	olut	맥주
jäätelö	아이스크림	pääruoka	메인 코스
jälkiruoka	디저트	pannukakku	팬케이크
jauhelihapihvi	햄버거	perunasose	으깬 감자
juomavesi	식수	pihvi	스테이크
kahvi	커피	pippuri	후추
kakku	케이크	salaatti	샐러드
kalaruoka	생선요리	sinappi	겨자
kastike	소스	sokeri	설탕
keitto	수프	suola	소금
ketsuppi	케첩	tee	차
lihapyörykkä	미트볼	torttu	타르트
liharuoka	고기요리	viini	와인
lounas	점심	virvoitusjuoma	청량 음료

Kappale 16 Minne tämä bussi menee?

Lumi: Minne tämä bussi menee?
　　민네　　타마　붓시　메네-
Mari: Se menee Helsinkiin.
　　세　메네-　헬싱키인
Lumi: Mitä bussilippu maksaa?
　　미타　　부시릿뿌　막사-
Mari: Kertalippu maksaa viisi euroa.
　　케ㄹ타릿뿌　막사-　비-시　에우로아
Lumi: **Voinko maksaa** luottokortilla?
　　보인코　막사-　　루옷토코ㄹ틸라
Mari: Totta kai.
　　톳타　카이
Lumi: **Voitko sanoa**, kun saavumme Helsinkiin?
　　보잇코　사노아　쿤　사-붐메　헬싱키인
Mari: Selvä.
　　셀바

16과 이 버스는 어디로 가나요?

루미: 이 버스는 어디로 가나요?

마리: 헬싱키로 가요.

루미: 버스표는 얼마에요?

마리: 1회권은 5유로에요.

루미: 신용카드로도 낼 수 있나요?

마리: 물론이지요.

루미: 우리가 헬싱키에 도착하면 말해 줄 수 있나요?

마리: 그럼요.

minne 어디로
bussi 버스
bussilippu 버스표
kertalippu 1 회권
luottokortilla (luottokortti) 신용카드
totta kai 물론입니다
voinko (voida) ~할 수 있다
sanoa 말하다
kun ~때
saavumme (saapua) 도착하다
selvä 좋아요, 알겠습니다.

1. 동사 voida: ~할 수 있다

voida 동사는 동사 aikoa처럼 동사 원형과 같이 쓰여 '~할 수 있다'라는 뜻을 나타낸다.

나는 할 수 있다	minä	**voin**
당신은 할 수 있다	sinä	**voit**
그(그녀)는 할 수 있다	hän	**voi**
우리들은 할 수 있다	me	**voimme**
당신들은 할 수 있다	te	**voitte**
그들은 할 수 있다	he	**voivat**

긍정문: Voin tulla. 나는 갈 수 있다
　　　　보인 툴라
부정문: En voi tulla. 나는 갈 수 없다
　　　　엔 보이 툴라

2. 형용사와 명사의 자음전환 (8과 자음전환편 참조)

8과에서 보았던 자음전환 표를 다시 살펴보면, Helsinki와 Helsingin(속격)의 예와 같이 형용사와 명사도 자음전환을 하는 단어가 있음을 알 수 있다.

	양적 자음전환			질적 자음전환											
①	pp	tt	kk	p	t	ht	k	mp	nt	nk	lt	rt	lke	rke	hke
②	p	t	k	v	d	hd	탈락	mm	nn	ng	ll	rr	lje	rje	hje

명사와 형용사가 자음전환할 때의 특징은 주격의 자음이 강전환(①) 라인이면 속격의 해당 자음은 반드시 약전환(②)으로 변화하게 되며, 주격이 약전환이면 속격은 강전환으로 변화하는 반대의 양상을 보인다는 점이다. 반면 비정격은 항상 주격과 같은 쪽으로 변화한다.

즉, 주격과 비정격은 항상 동일하게, 주격과 속격은 반대로 자음전환을 한다. 또한 어느 경우든 본문에서 Helsinkiin과 같이 향내격 및 상황격은 항상 강전환의 형태이다.

주격이 강전환인 경우 예: kauppa(무역)

	강전환(①)		약전환(②)
주격	kauppa	속격	kaupan
비정격	kauppaa		
향내격	kauppaan	나머지격	kaupassa (예)재내격)
상황격	kauppana		

주격이 약전환인 경우 예: vuode(침대)

	약전환(②)		강전환(①)
주격	vuode	속격	vuoteen
비정격	vuodetta	나머지격	vuoteeseen (예)향내격)

131

3. 행위의 방법을 나타내는 재상격

재상격은 행위의 방법을 나타낸다. 본문의 luottokortilla와 같이 재상격을 이용하여 도구와 수단으로의 '~(으)로'라는 뜻을 나타낼 수 있다.

Korealaiset syövät puikoilla.
꼬레아라이셋 쉬오밧 뿌이꼬일라
한국 사람들은 젓가락으로 밥을 먹는다.

Hän mene autolla / bussilla / taksilla porvooseen.
한 메네 아우토라 부실라 탁실라 뽀르보오세엔
그는 자동차로 / 버스로 / 택시로 뽀르보에 간다.

Minä maksan käteisella / luottokortilla.
미나 막산 카테이셀라 루옷토코르틸라
나는 현금으로 / 카드로 지불합니다.

★ 하루 구분 및 주, 월, 년 표현

재상격은 계절 외에도 주(viikko), 하루의 시간대를 나타낼 때도 쓰인다. 특히 시간대의 경우 '아침에: aamulla, 낮에: päivällä, 오전에: aamupäivällä, 정오에: keskipäivällä, 오후에: iltapäivällä, 저녁에: illalla, 밤에: yöllä 한밤중에: keskiyöllä' 와 같이 재상격이 쓰여 '~에'를 의미하게 된다. 단, 월(kuukausi)의 경우 재내격, 년(vuosi)의 경우 상황격이 쓰인다.

| 지난 viime
이번 tällä *
다음 ensi | 주 viikolla | 달 kuussa | 년 vuonna |

*이번 주는 tällä viikolla 이나, 이번 달은 tässä kuussa, 금년은 tänä vuonna 라고 한다.

★ 단어: 교통관련

aikataulu	시각표	linja-auto	장거리버스
asema	역	linjakartta	노선도
auto	차	metro	지하철
bussi	버스	moottoripyörä	오토바이
huoltoasema	주유소	polkupyörä	자전거
juna	기차	pysäkki	정류장
kuljettaja	운전수	raitiovaunu	트램
kuorma-auto	트럭	rautatieasema	기차역
liikennevalot	신호등	taksi	택시

Kappale 17 Haluaisin käydä saunassa.

Vastaanotto: Hyvää päivää! Mitä saisi olla?

휘바- 빠이바- 미타 사이시 올라

Lumi: Onko teillä vapaita huoneita?

온코 테일라 바파이타 후오네이타

Vastaanotto: Millaisen huoneen haluatte?

밀라이센 후오네엔 할루앗테

Lumi: Haluaisin kahden hengen huoneen.

할루아이신 카ㅎ덴 헨겐 후오네엔

Vastaanotto: Kuinka monta yötä?

꾸인카 몬타 위오타

Lumi: Kaksi yötä.

칵시 위오타

Haluaisin myös käydä saunassa illalla yhdeksän jälkeen.

할루아이신 뮈오스 카이다 사우나싸 일라라 위ㅎ덱산 얄케엔

Vastaanotto: Hetkinen, minä katson. Kyllä, se on vapaa yhdeksältä.

헷키넨 미나 캇손 퀼라 세 온 바빠- 위ㅎ덱살타

Voisitteko täyttää tämän lomakkeen, olkaa hyvä?

보이싯테코 타윗타- 타만 로맛케엔 올카- 휘바

17과 사우나를 이용하고 싶습니다.

프런트: 안녕하세요, 무엇을 도와드릴까요?

루미: 빈 방이 있습니까?

프런트: 어떠한 방을 원하시죠?

루미: 2인용 방을 원합니다.

프런트: 몇 박 하실 겁니까?

루미: 이틀이요. 또한 저녁 9시 이후에
사우나를 이용하고 싶습니다.

프런트: 잠시만요, 찾아보겠습니다.
예, 9시 이후에 비어있습니다.
이 양식을 기입해 주시겠습니까?

vastaanotto 프런트, 리셉션
vapaita (vapaa) 빈
huoneita, huoneen (huone) 방
millaisen(millainen) 어떠한*
haluatte, haluaisin (haluta) 원하다
hengen (henki) ~인 용
kuinka monta 얼마나 많이
yötä (yö) 밤
myös 또한
käydä 가다, 방문하다
illalla (ilta) 저녁에
(속격+) jälkeen ~이후에
hetkinen 잠시만요
katson (katsoa) 보다
täyttää 채우다, 기입하다
lomakkeen (lomake) 양식
olkaa hyvä (상용구)
　①부탁 드립니다
　②여기 있습니다
　③잠시만요.
(본문에서는 ①의 의미)

*millainen은 '어떠한(것)'이란 뜻으로
minkälainen도 같은 뜻이다.
　관련 단어로는 tällainen 이러한(것),
tuollainen 저러한(것), sellainen
그러한(것) 등이 있다.

1. 명사, 형용사 복수형 격변화

vapaita, huoneita와 같이 주격 외의 복수형은 어간(단수 속격형의 n을 뺀 형태)에 i를 넣어서 복수를 만든다.

이때 어간이 a, ä, e로 끝나면 이들을 탈락시키고 i를 넣으며(단, 어간이 a로 끝나면서 단어 첫 음절이 a, e, i인 경우 a를 o로 바꾼 뒤 i를 넣는다), 어간이 i로 끝나면 i를 e로 바꾼 뒤 i를 넣어준다. 또한 yö, uo, ie로 끝나는 어간의 경우 첫 모음이 탈락하고 i가 붙어 각기 öi, oi, ei의 형태가 된다.

ystävä(친구)의 어간 ystävä-: ystävistä(ä탈락)
kirja(책)의 어간 kirja-: kirjoista (첫 음절이 i라 a가 o로 바뀜)
tie(길)의 어간 tie-: teistä (ie의 i 탈락)

비정격의 경우, 어간이 자음 및 단모음으로 끝날 때 ia/iä가 붙으며 이때 속격 복수 어미는 ien이다.
i가 모음 사이에 들어올 경우 비정격은 ja/jä로, 속격은 jen으로 변화한다. 어간이 장모음, 이중모음 혹은 3음절 이상의 긴 단어에서 복수 비정격은 ita/itä, 복수 속격은 iden이 붙는다.

koira(개) → koiria(복수 비정격), koirien (복수 속격)
auto(차) → autoja (복수 비정격), autojen (복수 속격)
huone(방) → huoneita (복수 비정격). huoneiden (복수 속격)

명사와 형용사의 격변화에 따른 복수어미는 아래와 같다.

	단수	복수
주격(Nominative)	.	-t
속격(Genitive)	-n	-ien; -jen,-iden
비정격(Partitive)	-a/ä; -ta/tä; -tta/ttä	-ia/iä; -ja/jä; -ita/itä
재내격(Inessive)	-ssa/ssä	-issa/issä
향외격(Elative)	-sta/stä	-ista/istä
향내격(Illative)	-(h)+직전모음+n,-seen	-iin, -ihin, -siin
재상격(Adessive)	-lla/llä	-illa/illä
탈격(Ablative)	-lta/ltä	-ilta/iltä
향격(Allative)	-lle	-ille
전환격(Translative)	-ksi	-iksi
상황격(Essive)	-na/nä	-ina/inä

4과에서 i로 끝나는 단어 중 어간이 i에서 e로 변하는 단어가 있음을 배웠다. i로 끝나는 단어 어간에 따른 복수어미 i를 붙이는 법을 정리해 보면 아래와 같다.

1) 어간이 i로 끝나는 경우 i를 e로 바꾸고 복수어미 i 첨가
  예) väri(색): 어간은 väri-이므로 väreistä와 같이 복수형 어미 앞에서 i가 e로 변한다.

2) 어간이 e로 끝나는 경우 e를 탈락시키고 복수어미 i 첨가
  예) talvi(겨울): 어간이 talve-이므로 talvista와 같이 e가 탈락하고 복수형 어미가 첨가되었다.

3) 어간이 -i로 끝나는 이중모음인 경우 끝 i를 탈락시키고 복수어미 i 첨가

예) h<u>ai</u>(상어): -ai로 끝나므로 haista와 같이 i가 탈락하고 다시 i가 붙는 꼴이 되어 격에 따라 단수형과 복수형이 같을 수 있다.

4) -si로 끝나는 단어는 어간 -te가 s로 바뀌고 복수어미 i 첨가

예) vesi(물): 어간은 vete-로, vesistä와 같이 te가 s로 다시 바뀌고 복수형 어미가 첨가되었다.

2. 조건법 isi

Haluaisin은 haluta의 어간과 인칭 어미 사이에 조건을 나타내는 isi가 들어가 공손한 표현을 나타낸 것이다. 본문의 saisi 또한 saada의 조건법 3인칭 단수형이다.

조건법은 가정의 '만약~이라면'이 기본 뜻이나 '~해주셨으면 합니다', '~해도 괜찮을까요', '괜찮다면~하고 싶습니다만'과 같이 상대를 배려하여 공손하게 이야기 할 때에도 쓰일 수 있다. 따라서 Saanko laskun? 이라고 묻는 것 보다 Saisinko laskun? 이라고 묻는 것이 조금 더 공손히 묻는 표현이 된다.

가정의 의미인 경우, jos(만약)와 같이 쓰이며 조건절 및 종속절의 동사 모두에 조건법이 쓰여야 한다.

가정: **Antaisin, jos** voisin. 만약 할 수 있다면 줄게요.
　　　　안타이신 요스 보이신
공손: **Voisitko** antaa tuon? 그것을 주실 수 있으세요?
　　　　보이싯코　안타- 뚜온

3. 조건법 만드는 법

어간의 마지막이 장모음이면 단모음으로 단축, 어간이 e나 i로
끝나면 이를 탈락시키고 isi를 붙인다.

단, 어간의 마지막이 yö, ie, uo인 경우, 앞의 모음이 탈락한다.
자음전환하는 동사의 경우 조건법에서는 강전환으로 변화한다.

조건법 1인칭 단수 예)

haluta의 어간: halua- → haluaisin

saada의 어간: saa- → saisin (단모음으로 단축하여 a탈락+isi)

voida의 어간: voi- → voisin (i탈락+isi)

olla의 어간: ole- → olisin (e탈락+isi)

syödä의 어간: syö- → söisin (앞의 모음인 y가 탈락+isi)

★ 숫자의 속격과 비정격

	기수	비정격	속격
1	yksi	yhtä	yhden
2	kaksi	kahta	kahden
3	kolme	kolmea	kolmen
4	neljä	neljää	neljän
5	viisi	viittä	viiden
6	kuusi	kuutta	kuuden
7	seitsemän	seitsemää	setsemän
8	kahdeksan	kahdeksaa	kahdeksan
9	yhdeksän	yhdeksää	yhdeksän
10	kymmenen	kymmentä	kymmenen
100	sata	sataa	sadan
1000	tuhat	tuhatta	tuhannen

* 11~19는 1~9의 비정격과 속격에 각기 toista를 붙여주면 된다.
단 20부터는 모두 격변화를 한다.
예를 들어 21의 속격은 kahdenkymmenenyhden이 된다.

★ 단어: 집안 사물 관련

eteinen	현관	ovi	문
hissi	엘리베이터	pölynimuri	진공 청소기
hylly	선반	pöytä	책상
ikkuna	창문	puhelin	전화
jääkaappi	냉장고	raput	계단
katto	지붕	seinä	벽
keittiö	부엌	sohva	소파
komero	장롱	televisio	텔레비젼
kylpyhoune	욕실	tietokone	컴퓨터
lamppu	램프	tuoli	의자
lattia	마루	uuni	오븐
makuuhuone	침실	verho	커튼
matto	카펫	vessa	화장실
olohuone	거실	vuode	침대

Kappale 18 Sataa lunta.

Mari: Eilen **oli** huono ilma.
에일렌 오리 후오노 일마

Toissapäivänä **ei** myöskään **ollut** hyvä ilma.
또이사빠이바나 에이 뮈오스까안 올룻 휘바 일마

Tiedätkö, millainen ilma tänään on?
티에닷코 밀라이녠 일마 타나안 온

Menen illalla elokuviin ystäväni kanssa.
메넨 일라라 엘로쿠빈 위스타바니 칸싸

Äiti: Sataa lunta. Ulkona on varmasti kylmä.
사타- 룬타 울코나 온 바르마스티 퀼마

Älä mene ulos ilman kaulaliinaa. Ota käsineet mukaan!
알라 메네 울로스 일만 카우라리-나 오타 카시네엣 무카안

Mari: Okei. Onko huomenna kaunis ilma?
오케이 온코 후오멘나 카우니스 일마

Äiti: Huomenna on **yhtä** kylmä **kuin** tänään, mutta aurinkoista.
후오멘나 온 위흐타 퀼마 꾸인 타나안 뭇타 아우린코이스타

18과 눈이 옵니다.

마리: 어제 날씨는 나빴어요. 엊그제도
　　　좋은 날씨가 아니었습니다.
　　　오늘 날씨가 어떤지 알고 있나요?
　　　친구랑 같이 저녁 때
　　　영화관에 갈려고요.
어머니: 눈이 오고 있단다.
　　　밖에는 분명 추워.
　　　목도리 없이 밖에 나가선 안돼.
　　　장갑도 가져가렴.
마리: 네, 내일은 맑은 날씨일까요?
어머니: 내일은 오늘만큼 춥겠지만
　　　그래도 화창할거야.

eilen 어제
huono 나쁜
ilma 날씨
toissapäivänä 엊그제
myöskään ~도 아니다
tiedätkö (tietää) 알다
millainen 어떠한 종류의
tänään 오늘
elokuviin (elokuva) 영화
kanssa ~와 함께
äiti 어머니
sataa 내리다
lunta* (lumi) 눈
ulkona 밖에는
varmasti 분명
kylmä 추운
ulos 밖
ilman ~없이
kaulaliina 목도리
käsineet (käsine) 장갑
mukaan ~를 가지고
huomenna 내일
kaunis 아름다운
yhtä ~ kuin- -만큼 ~한
aurinkoista (aurinkoinen)
　화창한
*lumi 는 비정격을 만들
때 어미 ta/tä 가 붙어
lunta 가 되었다.

1. 동사의 과거

동사의 과거형은 어간과 인칭어미 사이에 i를 넣는다. 이때
3인칭 단수에서는 인칭어미가 붙지 않는다.

olla 동사의 과거			
	나는~였다	minä	olin
	너는~였다	sinä	olit
	그(그녀)는~였다	hän	oli
	우리들은~였다	me	olimme
	당신들은~였다	te	olitte
	그들은~였다	he	olivat

2. 과거형의 부정

과거형 부정의 경우, 부정동사 다음 동사의 어간 대신 바로
과거 분사를 넣어준다. 과거분사는 단수형과 복수형 두가지로
나뉘어 지며, olla동사의 경우 각기 ollut, olleet이다. (과거 분사
만드는 법은 20과 참조)

olla 동사 과거 부정				
	나는~가 아니었다	minä	en	
	너는~가 아니었다	sinä	et	ollut
	그(그녀)는~가 아니었다	hän	ei	
	우리들은~가 아니었다	me	emme	
	당신들은~가 아니었다	te	ette	olleet
	그들은~가 아니었다	he	eivät	

★ 동사 과거형 만들 때 규칙

① 어간이 o, ö, u, y로 끝나는 경우에는 바로 이 다음에 i를 넣는다. (puhua의 어간은 puhu)

② 어간의 마지막 모음이 a, ä, e, i 인 경우에는 이들을 탈락시킨다. (tulla의 어간은 tule, e탈락)
특히 i로 끝나는 이중모음(예)voida의 어간 voi)어간의 경우 i를 탈락시키고 다시 과거형 i를 붙이는 꼴이 되어 과거형과 어간에 바로 인칭 어미를 붙인 현재형이 같다.

③ 4,5 그룹과 같이 -ta/tä로 끝나는 동사들의 경우 ta/tä를 s로 바꾼 뒤 i를 넣는다. (tavata는 자음전환에 의해 v가 p로 바뀌어 tapas-가 된다.)
특히 1그룹 동사 ymmärtää와 같이 어간 ymmärtä- 마지막에 ta/tä가 있는 경우에도 s로 바꿔준다.

④ 2그룹 동사의 어간이 이중모음(yö, ie, uo), 장모음인 경우 최초 모음을 떼고 i를 붙인다. (syödä의 어간은 syö, y탈락)

⑤ antaa와 같이 짧은 동사이면서, 어간이 a로 끝나고 어간 앞의 모음이 a, e, i인 경우 a를 o로 바꾸고 (u, o인 경우는 a 탈락) i를 넣는다.

⑥ käydä의 경우 예외적으로 특수하게 변화한다.

	①puhua	②tulla	③tavata
minä	puhuin	tulin	tapasin
sinä	puhuit	tulit	tapasit
hän	puhui	tuli	tapasi
me	puhuimme	tulimme	tapasimme
te	puhuitte	tulitte	tapasitte
he	puhuivat	tulivat	tapasivat
단수과거분사	puhunut	tullut	tavannut
복수과거분사	puhuneet	tulleet	tavanneet

	④syödä	⑤antaa*	⑥käydä
minä	söin	annoin	kävin
sinä	söit	annoit	kävit
hän	söi	antoi	kävi
me	söimme	annoimme	kävimme
te	söitte	annoitte	kävitte
he	söivät	antoivat	kävivät
단수과거분사	syönyt	antanut	käynyt
복수과거분사	syöneet	antaneet	käyneet

*(antaa는 자음전환에 의해 1,2 인칭에서 nt가 nn으로 바뀌어 anno-/anto-가 되었다.)

146

3. 2인칭 단수 부정 명령형

2인칭 단수 부정 명령형은 2인칭 단수 명령형 앞에 Älä를
붙인다.

Älä mene ulos! 밖에 나가지 마
아라 메네 우로스

Älä tule myöhässä! 늦게 오지 마
아라 뚜레 뮈오하싸

4. 원급 비교

비교하고자 하는 대상이 동급인 경우, yhtä A kuin B 구문을
이용하여 'B만큼 A하다'는 뜻을 나타낸다.

Minun autoni on **yhtä** pieni **kuin** sinunkin.
미눈 아우토니 온 위ㅎ타 삐에니 꾸인 시눈킨
내 자동차는 당신 것만큼 작아요.

Minun autoni **ei ole yhtä** pieni **kuin** sinun.
미눈 아우토니 에이 오레 위ㅎ타 삐에니 꾸인 시눈
내 자동차는 당신 것만큼 작지는 않아요.

5. 부사

부사는 형용사 단수 속격에서 격어미 n을 떼고 sti를 붙여준다.

varma 확실한 → varma**sti** 확실하게
huono 나쁜 → huono**sti** 나쁘게
helppo 쉬운 → helpo**sti** 쉽게
kaunis 아름다운 → kauni**isti** 아름답게
valitettava 유감스러운 → valitettava**sti** 유감스럽게도

예외) hyvä 좋은 → hyvin 좋게
sama 같은 → samoin 같게
oikea 옳은 → oikein 옳게

★ 장소부사 (2)

	~에(있다)	~부터 (오다)	~로 (가다)
앞	edessä	edestä	eteen
뒤	takana	takaa	taakse
위	ylhäällä	ylhäältä	ylhäälle
아래	alhaalla	alhaalta	alhaalle
오른쪽	oikealla	oikealta	oikealle
왼쪽	vasemmalla	vasemmalta	vasemmalle
집	kotona	kotoa	kotiin
밖	ulkona	ulkoa	ulos
속	sisällä	sisältä	sisälle

Kappale 19 Kuinka voitte tänään?

Lääkäri: Kuinka voitte tänään?
　　꾸인카　보잇테　타나안
Lumi: Minulla on pää kipeä ja kuumetta.
　　미눌라　온 빠 키페아 야 쿠-멧타
　　Tanään kurkku on kipeä**mpi kuin** eilen.
　　타나안 쿠룻쿠　온 키페암피 쿠인 에일렌
Lääkäri: Katsotaan sitä kurkkua. Kyllä, se on todella punainen.
　　캇소타안 시타 쿠룻쿠아 퀼라　세 온 토델라 뿌나이넨
　　Älkää juo**ko** paljon kylmää vettä.
　　알카 유오코　팔욘　퀼마- 벳타
　　Minä kirjoitan reseptin. Harrastatteko liikuntaa?
　　미나　키ㄹ요이탄 레셉틴 하ㄹ라스탓테코 리-쿤타-
　Lumi: Minä pyöräilen.
　　미나　쀠오라이렌
Lääkäri: Välttäkää liikuntaa ja levätkää hyvin.
　　발타카-　리-쿤타-　야 레밧카-　휘빈
Lumi: Okei. Aion mennä kotiin lepää**mään**.
　　오케이 아이온 멘나 코티인 레파마안

19과 오늘 상태가 어떠세요?

의사: 오늘 상태가 어떠세요?
루미: 머리가 아프고 열이 납니다.
　　　오늘 목이 어제보다 더 안 좋아요.
의사: 목을 봅시다. 네, 정말 빨갛네요.
　　　찬 물을 많이 마시지 마세요.
　　　처방전을 써드리겠습니다.
　　　운동을 하시나요?
루미: 자전거를 탑니다.
의사: 운동을 피하시고 푹 쉬세요.
루미: 네. 집으로 쉬러 가려고 합니다.

lääkäri 의사
kuinka 어떻게
voitte (voida) 느끼다
pää 머리
kipeä 아프다
kuumetta(kuume) 열
kurkku 목
~mpi kuin 보다 더 ~한
todella 정말
punainen 빨간
kylmää (kylmä) 찬
vettä (vesi) 물
kirjoitan (kirjoittaa) 쓰다
reseptin (resepti) 처방전
harrastatteko (harrastaa) 취미로 삼다
liikuntaa(liikunta) 운동
pyöräilen (pyöräillä) 자전거를 타다
välttäkää (välttää) 삼가다
levätkää, lepäämään (levätä) 쉬다
kotiin (koti) 집

151

1. 형용사의 비교급

형용사의 비교급은 형용사 속격의 n을 뺀 상태에서 mpi를
붙이면 된다. 어간이 2음절에 a/ä로 끝나는 경우는 이를 e로
바꾸고 mpi를 붙여주나 parempi와 같이 불규칙 변화도 존재한다.
비교의 대상은 비교급 뒤에 kuin을 넣어 나타낸다.

kallis	비싼	kalliimpi	더 비싼
halpa	싼	halvempi	더 싼
pieni	작은	pienempi	더 작은
kylmä	추운	kylmempi	더 추운
vanha	늙은	vanhempi	더 늙은
nuori	젊은	nuorempi	더 젊은
vaikea	어려운	vaikeampi	더 어려운
helppo	쉬운	helpompi	더 쉬운
huono	나쁜	huonompi	더 나쁜
hyvä	좋은	parempi	더 좋은
pitkä	긴	pitempi	더 긴
lyhyt	짧은	lyh(y)empi	더 짧은
väsynyt	피곤한	väsyneempi*	더 피곤한

*nee로 변하는 이유는 20과 참조

Minun autoni on pienempi kuin sinun.
미눈 아우토니 온 삐에넴삐 꾸인 시눈
내 자동차는 당신 것보다 더 작습니다.

Hän on lyhyempi kuin Mari. 그는 마리보다 키가 작습니다.
한 온 뤼휘엠피 꾸인 마리

152

2. 2인칭 복수 부정 명령형

2인칭 복수의 부정 명령형은 긍정 명령형의 어미 kaa/kää를
ko/kö로 바꾸고 동사 앞에 älkää를 붙여주면 된다.

Älkää menkö ulos! 밖으로 나가지 말아주세요.
알카- 멘코   우로스

Älkää tulko myöhässä! 늦게 오지 말아주세요.
알카- 툴코   뮈오하싸

3. 제 3 부정사

lepäämään과 같이 동사의 어간에 -ma/mä가 붙는 형태를 제 3
부정사라고 한다.
levätä의 v가 lepäämään에서 p가 된 이유는 8과에서 보았던
자음전환이 일어나기 때문으로 제 3 부정사는 자음전환이 있을
시 항상 약전환(②)에서 강전환(①)방향으로 변화한다.

1) 동사 mennä(가다), tulla(오다), lähteä(출발하다)에 동사의
  제3부정사 향내격인 '-maan/mään'을 붙이면 '~하러 가다/오다/
  출발하다'라는 뜻을 나타낸다.
    보통 mennään, lähdetään과 같이 수동 청유형과 같이 쓰여
  '~하러 가자/출발하자'라는 뜻으로 많이 쓰인다.

153

Mennään opiskele**maan** koreaa. 한국어 공부하러 갑시다.

멘나안   오피스케레마안 꼬레아-

Lähdetään syö**mään** lounasta. 점심 먹으러 출발합시다.

라ㅎ데타안   쉬오만 로우나스타

Mennään**kö** kuuntele**maan** musiikkia? 음악 들으러 갈까요?

멘나안코   쿠운테레마안   무직키아

Tuletko syö**mään** lettuja? 팬케이크 먹으러 올래요?

투렛코   쉬오만   레투야

2) olla 동사에 동사의 제3부정사 재내격 (-massa/mässä)이
붙으면 '~하고 있는 중이다'라는 뜻을 나타낸다.

Olen luke**massa**. 독서하고 있습니다.

오렌 루케마싸

Hän on aja**massa**.   그(녀)는 운전하고 있습니다.

한 온 아야마싸

Oletko opiskele**massa**? 공부하고 있는 중인가요?

오렛코 오피스켈레마싸

Olin syö**mässä** lounasta. 점심을 먹고 있었습니다.

오린 쉬오마싸 로우나스타

★ 단어: 신체 관련

hammas	치아	olkapää	어깨
hiukset	머리카락	otsa	이마
huuli	입술	pää	머리
jalka	다리	polvi	무릎
jalkaterä	발	poski	볼
käsi	손	ranne	손목
käsivarsi	팔	reisi	허벅지
kasvot	얼굴	rinta	가슴
kaula	목	selkä	등
korva	귀	silmä	눈
kyynärpää	팔꿈치	sormi	손가락
leuka	턱	suu	입
nenä	코	varvas	발가락
nilkka	발목	vatsa	배

Kappale 20 Oletko käynyt Koreassa?

Lumi: **Oletko käynyt** Koreassa?
오렛코 카위닛 꼬레아싸

Marko: Olen. Olin viime kesänä Soulissa. Se oli tosi kaunis paikka.
오렌 오린 비메 케사나 소우리싸 세 오리 또시 카우니스 파잇까

Lumi: **Oletko syönyt** korealaista ruokaa?
오렛코 쉬오닛 꼬레아라이스타 루오카-

Marko: Kyllä. Olen maistanut sitä kun olin Koreassa.
낄라 오렌 마이스타눗 시타 쿤 오린 꼬레아싸

Soulissa on monia ravintoloita, **joissa olen käynyt**.
쏘울리싸 온 모니아 라빈토로이타 요이싸 오렌 카위눗

Oletko syönyt suomalaista ruokaa?
오렛코 쉬오닛 수오마라이스타 루오카-

Lumi: Olen, mutta **en ole koskaan syönyt** poroa.
오렌 뭇타 엔 오레 코스카안 쉬오닛 뽀로아

Poronkäristys on erikoisin ruoka,
포론캐리스튀스 온 에리코이신 루오카

jota haluan kokeilla Suomessa.
요타 할루안 코케일라 수오메싸

Marko: Sinun kannattaa kokeilla sitä. Se on aika erikoista.
시눈 칸낫타- 코케일라 시타 세 온 아이카 에리코이스타

20과 한국에 가본 적이 있나요?

루미: 한국에 가본 적이 있나요?

마르꼬: 가본 적이 있어요.

　　　작년 여름에 서울에 갔었죠.

　　　정말 아름다운 곳이었어요.

루미: 한국음식을 먹어보았나요?

마르꼬: 예, 한국에 있었을 때 맛보았습니다.

　　　서울에서 많은 음식점에 가보았습니다.

　　　핀란드 음식을 먹어본 적이 있나요?

루미: 예, 하지만 한 번도 순록 고기는

　　　먹어본 적이 없어요.

　　　순록 소테는 제가 핀란드에서 먹어보고

　　　싶은 가장 궁금한 음식이에요.

마르꼬: 시도해 볼 만 합니다. 꽤 독특해요.

käynyt (käydä) 방문하다
viime 지난, 예전
tosi 매우
kaunis 아름다운
paikka 장소
syönyt (syödä) 먹다
ruokaa (ruoka) 음식
maistanut (maistaa) 맛보다
kun ~때
ravintoloita (ravintola) 식당
koskaan 전혀
Poronkäristys 순록 소테 (poro: 순록)
kokeilla 시도하다 (속격주어+)
kannattaa (+동사 원형) ~할 가치가 있다
aika 꽤
erikoisin, erikoista (erikoinen) 궁금한, 특별한

순록 소테(poronkäristys)는 대표적인 전통음식으로,
얇게 저민 순록고기를 이용한 소테 요리에 으깬
감자와 링곤베리, 오이 피클을 곁들여 먹는다.

1. 현재 완료

현재 완료는 'olla 동사 인칭변화 + 과거 분사'의 형태이며, '~한 적이 있다', '~해 왔다'와 같이 과거 행위가 현재에 영향을 끼칠 때 쓴다.

부정문의 경우 olla 동사의 인칭에 따른 부정형 다음 과거분사를 붙여준다.

참고로 과거 완료는 'olla .동사 과거형 인칭변화 + 과거 분사'로 과거 이전 시점에서 일어난 일을 이야기할 때 쓴다.

예) Olen asunut 살아 왔다. 산 적이 있다. (현재 완료)
　　오렌 아수눗
　　En ole asunut 산 적이 없다. (현재 완료 부정)
　　엔 오레 아수눗
　　Olin asunut 살았었다. (과거 완료)
　　오린 아수눗

aina(항상), aikaisemmin(이전), vielä (아직), juuri(막, 방금), usein (종종), kerran (한 번), monta kertaa (여러 번), jo (이미), (부정동사) + koskaan (한 번도 ~한 적이 없다) 등의 부사와 같이 쓰인다.

käydä동사의 현재 완료

나는 간 적이 있다	minä	olen	
당신은 간 적이 있다	sinä	olet	käynyt
그(그녀)는 간 적이 있다	hän	on	
우리들은 간 적이 있다	me	olemme	
당신들은 간 적이 있다	te	olette	käyneet
그들은 간 적이 있다	he	ovat	

Minä **olen käynyt** Koreassa monta kertaa.
미나 오렌 까위넷 꼬레아싸 몬타 케ㄹ타-
나는 한국에 여러 번 간 적이 있습니다.

Hän **on asunut** Soulissa aikaisemmin.
한 온 아수눗 쏘우리싸 아이카이셈민
그는 이전에 서울에 산 적이 있다.

Minä **en ole käynyt** Norjassa. 노르웨이에 가본 적이 없어요.
미나 엔 오레 카위넷 노르야싸

2. 과거분사형

과거분사는 어간에 nut/nyt (lut/lyt, rut, sut/syt) 등이 붙고, 복수형의 경우 각기 neet (leet, reet, seet) 등으로 바뀐다. 특히 이렇게 nut/nyt으로 끝나는 단어는 어형 변화 시 nut/nyt이 nee으로 바뀐다. (예: väsyneempi)

1) 1,2 그룹동사: 각기 a/ä, da/dä를 떼고 nut/nyt를 붙여준다.

sanoa(말하다)   sanonut/sanoneet
juodä(마시다)   juonut/juoneet
käydä(가다)   käynyt/käyneet

2) 3그룹 동사
: la/lä, ra, na/nä, sta/stä를 lut/lyt, rut, nut/nyt, sut/syt로 바꾼다.

olla(이다)   ollut/olleet
kuulla(듣다)   kuullut/ kuulleet
purra(물다)   purrut/purreet

3) 4,5,6 그룹 동사: ta/tä를 n으로 바꾸고 nut/nyt를 붙인다.

haluta(원하다)   halunnut/halunneet
tykätä(좋아하다)   tykännyt/tykänneet
tarvita(필요하다)   tarvinnut/tarvinneet
paeta(달아나다)   paennut/paenneet

3. 관계대명사

joissa, jota는 관계대명사로 각기 관계대명사 joka의 복수재내격과 비정격이다. 관계대명사를 이용하여 두 문장을 이을 수 있으며 joka 또한 선행사에 따라 격변화 한다. (부록 참조)
관계대명사가 설명하는 명사는 관계대명사 바로 앞에 위치하며, 쉼표(,)를 넣어 수식함을 표현한다.

Poronkäristys on erikoisin <u>ruoka</u>. 순록 소테는 궁금한 음식이다.
Haluan kokeilla <u>sitä</u> Suomessa.
나는 핀란드에서 그것을 먹어보고 싶다.
→Poronkäristys on erikoisin <u>ruoka</u>, **jota** haluan kokeilla Suomessa.
순록 소테는 내가 핀란드에서 먹어보고 싶은 가장 궁금한 음식이다.

Soulissa on monia <u>ravintoloita</u>. 서울에는 많은 식당이 있다.
Olen käynyt <u>ravintoloissa</u>.
나는 식당들을 방문해보았다.
→Soulissa on monia <u>ravintoloita</u>, **joissa** olen käynyt.
서울에는 내가 방문해 본 많은 식당들이 있다.

4. 형용사의 최상급

형용사의 최상급은 형용사의 어간에 -in을 붙인다. 어간이
장모음일 경우 단모음으로, a, ä, e로 끝날 시 이를 탈락시키고
in을 붙이며, 어간이 i 혹은 ii로 끝날 시에는 이를 e로 바꾸고
in을 넣어준다. 비교급과 마찬가지로 paras, pisin과 같은 불규칙형
또한 존재한다.

kallis	비싼	kallein	가장 비싼
halpa	싼	halvin	가장 싼
pieni	작은	pienin	가장 작은
kylmä	추운	kylmin	가장 추운
vanha	늙은	vanhin	가장 늙은
nuori	젊은	nuorin	가장 젊은
vaikea	어려운	vaikein	가장 어려운
helppo	쉬운	helpoin	가장 쉬운
huono	나쁜	huonoin	가장 나쁜
hyvä	좋은	paras	가장 좋은
pitkä	긴	pisin	가장 긴
lyhyt	짧은	lyhyin	가장 짧은
väsynyt	피곤한	väsynein	가장 피곤한

★ 단어: 기초 형용사

aikainen	이른	myöhäinen	늦은
helppo	쉬운	vaikea	어려운
hyvä	좋은	huono	나쁜
kallis	비싼	halpa	싼
kaunis	아름다운	ruma	추한
kevyt	가벼운	painava	무거운
kirkas	밝은	pimeä	어두운
kuuma	뜨거운	kylmä	차가운
laiha	마른	lihava	살찐
lyhyt	짧은	pitkä	긴
matala	낮은	korkea	높은
nopea	빠른	hidas	느린
ohut	얇은	paksu	두꺼운
oikea	옳은	väärä	그릇된
oikea	오른쪽의	vasen	왼쪽의
pieni	작은	iso	큰
puhdas	깨끗한	likainen	더러운
rikas	풍부한	köyhä	가난한
samanlainen	비슷한	erilainen	다른
terve	건강한	sairas	아픈
uusi	새로운	vanha	늙은
vahva	강한	heikko	약한

문어체와 구어체의 비교

현재 책에서 소개하고 있는 핀란드어는 문어체로, 문어체는
뉴스나 공식 석상 등에서 보통 이용되며 핀란드인들이 일상
생활에서 쓰는 구어체와는 약간의 차이가 있기에 여기서 주요한
차이점들을 소개하고자 한다. 대명사나 olla 동사 등 자주 쓰이는
단어들이 짧고 발음하기 쉽게 변하는 경향을 볼 수 있다.
　이해를 돕기 위해 참고용으로 전 본문의 구어체 버전도 같이
소개한다.

1) 인칭대명사의 구어체

　인칭 대명사 minä, sinä, hän 등은 문어적인 표현으로, 일상
생활에서는 이들 대신 mä, sä, se 를 많이 사용한다.

	문어체	구어체	
나	minä	**mä** 마	mä 로 변화
당신	sinä	**sä** 사	sä 로 변화
그(그녀)	hän	**se** 세	se 로 변화
우리들	me	me	-
당신들	te	te	
그들	he	**ne** 네	ne 로 변화

2) 인칭대명사 속격의 구어체

인칭대명사 속격의 경우도 minun, sinun, hänen 대신 mun, sun, sen이 구어적으로 많이 사용된다. heidän은 niiden으로 변화한다. 또한 구어체의 경우 mun ystävä 와 같이 소유접미사 없이 속격만 쓰기도 한다.

	문어체	구어체
나의	minun	**mun**
당신의	sinun	**sun**
그(그녀)의	hänen	**sen**
우리들의	meidän	meidän
당신들의	teidän	teidän
그들의	heidän	**niiden**

3) olla동사의 구어체

문어체에서의 1인칭과 2인칭 변화형이 구어체에서는 좀더 간단히 발음되며, 3인칭의 경우 단수형과 복수형 모두 on 으로 통일 됨을 볼 수 있다.

	문어체	구어체
나는~이다	minä olen	mä **oon**
당신은~이다	sinä olet	sä **oot**
그(그녀)는~이다	hän on	se on
우리들은~이다	me olemme	me **ollaan**
당신들은~이다	te olette	te **ootte**
그들은~이다	he ovat	ne **on**

★ 본문의 문어체와 구어체 비교

1과

Mari: Hei!
Moi!
Lumi: Hei, Mari.
Moi, Mari.
Mari: Pitkästä aikaa. Mitä kuuluu?
Pitkästä aikaa. **Miten menee?**
Lumi: Ihan hyvää. Entä sinulle?
Ihan hyvin. Entä **sulla?**
Mari: Hyvää, kiitos.
Hyvää, **kiitti.**

2과

Minho: Hyvää päivää!
Moi!
Lumi: Päivää!
Moi!
Minho: Minä olen Minho. Hauska tutustua.
Mä oon Minho, hauska tavata.
Lumi: Anteeksi, en ymmärrä.
Sori, en ymmärrä.
Minho: Olen Minho, Minho Kim.
Oon Minho, Minho Kim.
Lumi: Hauska tavata, Minho! Minä olen Lumi.
Mukava nähdä, Minho! **Mä oon** Lumi.

3과

Mari: Oletko sinä kiinalainen?
Ootko sä kiinalainen?
Minho: En. Minä en ole kiinalainen. Olen korealainen.
Ei, **mä en oo** kiinalainen. **Mä oon** korealainen.

Oletko sinä suomalainen?
Ootko sä suomalainen?
Mari: Olen.
Oon.

4과

Mari: Puhutko sinä suomea?
Puhutko **sä** suomea?
Lumi: Kyllä. Minä puhun suomea. Puhutko sinä koreaa?
Joo, mä puhun **suomee.** **Puhut sä** koreaa?
Mari: En puhu. Puhun vain suomea. Osaatko sinä englantia?
En, mä puhun **vaan suomee. Osaat sä** englantia?
Lumi: Kyllä osaan, mutta huonosti.
Joo, mut huonosti.

5과

Lumi: Tämä marja on hyvää. Mikä marja tämä on?
Tää marja on hyvää. Mikä **tää marja** on?
Mari: Se on mustikka.
Se on mustikka.
Lumi: Mikä mustikka on englanniksi?
Mikä mustikka on **englanniks?**
Mari: Se on blueberry. Suomalaiset syövät paljon marjoja.
Se on blueberry. Suomalaiset **syö** paljon marjoja.
Lumi: Vai niin.
Okei.

6과

Lumi: Mari, missä sinä asut?
Mari, missä **sä** asut?
Mari: Minä asun Tampereella.
Mä asun Tampereella.
Lumi: Missä Tampere on?

Missä Tampere on?
Mari: Se on Helsingin pohjoispuolella.
Se on Helsingin pohjoispuolella.
Missä kaupungissa sinä asut Koreassa?
Missä kaupungissä sä asut Koreassa?
Lumi: Minä asun Soulissa.
Mä asun Soulissa.

7과

Marko: Kuka tämä on?
Kuka tää on?
Lumi: Hän on minun ystäväni Minho.
Se on mun ystävä, Minho.
Marko: Mistä maasta hän on kotoisin?
Mistä se on kotosin?
Lumi: Hän tulee Koreasta ja on kotoisin Soulista.
Se on Koreasta ja on kotosin Soulista.

8과

Mari: Mistä sinä tykkäät Suomessa?
Mistä sä tykkäät Suomessa?
Lumi: Tykkään saunasta.
Tykkään saunasta.
Mari: Niin minäkin. Monet suomalaiset pitävät saunasta.
Niin mäkin. Monet suomalaiset pitää saunasta.
Mistä sinä et pidä Suomessa?
Mistä sä et pidä Suomessa?
Lumi: En pidä Suomen talvista. Aurinko laskee liian aikaisin.
En pidä Suomen talvista. Aurinko laskee liian aikasin.

9 과

Lumi: Onko sinulla Suomen kielen sanakirjaa?

Onks sul Suomen sanakirjaa?
Mari: Ei, valitettavasti minulla ei ole sellaista.
Ei, valitettavasti **mulla ei oo sellasta.**
Miksi sinä et osta oma sanakirjaa?
Miks sä et osta omaa sanakirjaa?
Etkö tarvitse sitä joka päivä?
Et sä tarvi sitä joka päivä?
Lumi: Koska minulla ei ole rahaa.
Koska **mulla ei oo** rahaa.
Mari: Eikö sinulla ole yhtään rahaa?
Eiks sulla oo yhtään rahaa?
Lumi: Totta kai on, mutta sanakirja on kallis.
Tottakai on, **mut** sanakirja on kallis.

10과

Lumi: Paljonko tämä maksaa?
Paljon **tää** maksaa?
Myyjä: Se maksaa kaksitoista euroa viisi senttiä.
Se maksaa **kakstoist** euroa, **viis senttii.**
Lumi: Se on vähän kallis.
Se on vähän kallis.
Myyjä: Entä tämä? Tämä maksaa kuusi euroa.
Entä **tää? Tää** maksaa **kuus euroo.**
Lumi: Onpa halpa! **Otan tämän.**
Onpa halpa, otan **tän.**
Myyjä: Tarvitsetko vielä jotain muuta?
Tarttetko vielä jotain muuta?
Lumi: En, kiitos.
En, kiitti.

11과

Lumi: Miten pääsen rautatieasemalle?
Miten **mä pääsen** rautatieasemalle?
Ohikulkija: Kävele ensin suoraan eteenpäin ja sitten vasemmalle.
Kävele ensin suoraan eteenpäin ja **sitte** vasemmalle.

Lumi: Kuinka kaukana se on?
Kuin kaukana se on?
Ohikulkija: Se on sadan metrin päässä.
Se on sadan metrin päässä.
Lumi: Entä missä on lähin bussipysäkki?
Entä missä on lähin bussipysäkki?
Ohikulkija: Mene ensin oikealle, sitten heti vasemmalle.
Mee ensin **oikeelle, sitte** heti vasemmalle.
Lumi: Kiitos.
Kiitti.

12과

Lumi: Mitä Marko tekee nyt?
Mitä Marko tekee nyt?
Mari: Hän on kurssilla. Mitä kello on nyt?
Se on kurssilla. Mitä kello on?
Lumi: Kello on puoli viisi.
Kello on **puol viis.**
Mari: Niinkö? Joko se on niin paljon? Olen myöhässä kurssilta.
Niinkö, jokse on niin paljon? **Oon** myöhässä kurssilta.
Lumi: Anteeksi, olin väärässä.
Sori, olin väärässä.
Luulen, että kelloni on väärässä ajassa.
Luulen **et mun** kello on väärässä ajassa.
Se on viisitoista yli neljä.
Se on **viistoist** yli neljä.

13과

Lumi: Onko kirjasto keskustan lähellä?
Onks kirjasto keskustan lähellä?
Mari: Kyllä. Yliopiston kirjasto on aivan lähellä.
Joo, yliopiston kirjasto on **ihan** lähellä.
Mutta sinä et voi käyttää yliopiston kirjastoa ilman opiskelijakorttia.
Mut sä et voi käyttää yliopiston **kirjastoo** ilman opiskelija**korttii.**
Lumi: Milloin yliopiston kirjasto on auki?
Millon yliopiston kirjasto on auki?
Mari: Maanantaista perjantaihin kahdeksasta seitsemään,
Maanantaist perjantaihin, **kaheksast** seittemään,

mutta se on nyt suljettu remontin takia.
mut se on nyt suljettu remontin takia
Lumi: Milloin se avataan uudelleen?
Millon se avataan uudelleen?
Mari: Ehkä kahden kuukauden kuluttua, elokuussa.
Ehkä **kahen** kuukauden **kuluttuu** elokuussa.

14과

Mari: Mitä aiot tehdä tänään? Mennäänkö kahville?
Mitä sä aiot tehä tänään? **Mennääks** kahville?
Lumi: Monesko päivä tänään on?
Mones päivä **tänää** on?
Mari: Tänään on yhdeksäs maaliskuuta.
Tänään on **yheksäs** aaliskuuta.
Lumi: Valitettavasti tänään minun täytyy opiskella suomea.
Harmi kyl mun täytyy opiskella suomee tänään,
Minulla on koe huomenna.
mullon koe huomenna.
Mari: Entä onko sinulla aikaa ylihuomenna? Mennään elokuviin.
Onks sul aikaa ylihuomenna? Mennään **leffaan**.

15과

Lumi: Tämä lohi maistuu hyvältä. Saanko viiniä?
Tää lohi maistuu hyvältä. Saanko **viinii**?
Tarjoilija: Otatteko puna- vai valkoviiniä?
Otatko puna- vai valko**viinii**?
Lumi: Mitä te suosittelette?
Mitä te suosittelette?
Tarjoilija: Meillä on hyvää valkoviiniä.
Meil on hyvää valko**viinii**.
Lumi: Sitten minä otan sitä. Anteeksi. Missä on WC?
Sitte mä otan sitä. **Sori**, missä wc on?
Tarjoilija: Se on tuolla. Menkää tuonne.
Se on tuolla, **mee** tonne.

16과

Lumi: Minne tämä bussi menee?
Mihin tää bussi menee?

171

Mari: Se menee Helsinkiin.
Se menee Helsinkiin.
Lumi: Mitä bussilippu maksaa?
Mitä bussilippu maksaa?
Mari: Kertalippu maksaa viisi euroa.
Kertalippu maksaa **viis euroo**.
Lumi: Voinko maksaa luottokortilla?
Voinko maksaa kortilla?
Mari: Totta kai.
Totta kai.
Lumi: Voitko sanoa, kun saavumme Helsinkiin?
Voit sä sanoo ku me saavutaa Helsinkiin?
Mari: Selvä.
Selvä.

17과

Vastaanotto: Hyvää päivää! Mitä saisi olla?
Moi, mitä sais olla?
Lumi: Onko teillä vapaita huoneita?
Onks teil vapaita huoneita?
Vastaanotto: Millaisen huoneen haluatte?
Millasen huoneen **haluat**?
Lumi: Haluaisin kahden hengen huoneen.
Haluisin kahen hengen huoneen.
Vastaanotto: Kuinka monta yötä?
Kuin monta yötä?
Lumi: Kaksi yötä.
Kaks yötä.
Haluaisin myös käydä saunassa illalla yhdeksän jälkeen.
Haluisin myös **käyä** saunassa illalla **yheksän** jälkeen.
Vastaanotto: Hetkinen, minä katson. Kyllä, se on vapaa yhdeksältä.
Hetki, mä katon. Joo, se on vapaa yhdeksältä..
Voisitteko täyttää tämän lomakkeen, olkaa hyvä?
Voisit sä täyttää **tän** lomakkeen?

18과

Mari: Eilen oli huono ilma.
Eilen oli huono ilma.

172

Toissapäivänä ei myöskään ollut hyvä ilma.
Toissapäivänä ei myöskään **ollu** hyvä ilma.
Tiedätkö, millainen ilma tänään on?
Tiiät sä millanen ilma tänään on?
Menen illalla elokuviin ystäväni kanssa.
Meen illal leffaa(n) mun kaverinkaa.
Äiti: Sataa lunta. Ulkona on varmasti kylmä.
Sataa lunta. Ulkona on **varmaan** kylmä.
Älä mene ulos ilman kaulaliinaa. Ota käsineet mukaan!
Älä **mee** ulos ilman kaulaliinaa. Ota käsineet **mukaa.**
Mari: Okei. Onko huomenna kaunis ilma?
Okei. **Onks** huomen kaunis ilma?
Äiti: Huomenna on yhtä kylmä kuin tänään, mutta aurinkoista.
Huomen on yhtä kylmä **ku** tänään, **mut** aurinkoista.

19과

Lääkäri: Kuinka voitte tänään?
Kuinka voitte tänään?
Lumi: Minulla on pää kipeä ja kuumetta.
Mullon pää **kipee** ja kuumetta.
Tanään kurkku on kipeä**mpi kuin** eilen.
Tänää kurkku on kipeempi **ku** eilen.
Lääkäri: Katsotaan sitä kurkkua. Kyllä, se on todella punainen.
Katotaan sitä kurkkua. Kyllä, se on **tosi** punanen.
Älkää juoko paljon kylmää vettä.
Älä juo paljon kylmää vettä.
Minä kirjoitan reseptin. Harrastatteko liikuntaa?
Mä kirjotan reseptin. **Harrastat sä** liikuntaa?
Lumi: Minä pyöräilen.
Mä pyöräilen.
Lääkäri: Välttäkää liikuntaa ja levätkää hyvin.
Vältä liikuntaa ja **lepää paljon.**
Lumi: Okei. Aion mennä kotiin lepäämään.
Okei. Aion mennä kotiin lepäämään.

20과

Lumi: Oletko käynyt Koreassa?
Ootko käyny Koreassa?

173

Marko: Olen. Olin viime kesänä Soulissa. Se oli tosi kaunis paikka.
Oon, olin viime kesään Soulissa, se oli tosi kaunis paikka.
Lumi: Oletko syönyt korealaista ruokaa?
Ootko syöny korealaista ruokaa?
Marko: Kyllä. Olen maistanut sitä kun olin Koreassa.
Joo, oon maistanu sitä kun olin Koreassa.
Soulissa on monia ravintoloita, joissa olen käynyt.
Soulis on **monii** ravintoloita joissa **mä oon käyny**.
Oletko syönyt suomalaista ruokaa?
Oot sä syöny suomalaist ruokaa?
Lumi: **Olen, mutta en ole koskaan syönyt poroa.**
Oon, mut en oo koskaan **syöny** poroa.
Poronkäristys on erikoisin ruoka, jota haluan kokeilla Suomessa.
Poronkäristys on erikoisin ruoka, jota **mä haluun** kokeilla Suomessa.
Marko: Sinun kannattaa kokeilla sitä. Se on aika erikoista.
Sun kannattaa kokeilla sitä, se on aika erikoista.

부 록

	나	당신	그(녀)	누구
주격	minä	sinä	hän	kuka
속격	minun	sinun	hänen	kenen
대격	minut	sinut	hänet	kenet
비정격	minua	sinua	häntä	ketä
재내격	minussa	sinussa	hänessä	kenessä
향외격	minusta	sinusta	hänestä	kenestä
향내격	minuun	sinuun	häneen	keneen
재상격	minulla	sinulla	hänellä	kenellä
탈격	minulta	sinulta	häneltä	keneltä
향격	minulle	sinulle	hänelle	kenelle
전환격	minuksi	sinuksi	häneksi	keneksi
상황격	minuna	sinuna	hänenä	kenenä

	우리들	당신들	그들	누구(복수)
주격	me	te	he	ketkä
속격	meidän	teidän	heidän	keiden
대격	meidät	teidät	heidät	-
비정격	meitä	teitä	heitä	keitä
재내격	meissä	teissä	heissä	keissä
향외격	meistä	teistä	heistä	keistä

175

항내격	meihin	teihin	heihin	keihin
재상격	meillä	teillä	heillä	keillä
탈격	meiltä	teiltä	heiltä	keiltä
향격	meille	teille	heille	keille
전환격	meiksi	teiksi	heiksi	keiksi
상황격	meinä	teinä	heinä	keinä

	이것	그것	저것	무엇	관계대명사 단수
주격	tämä	se	tuo	mikä	joka
속격	tämän	sen	tuon	minkä	jonka
비정격	tätä	sitä	tuota	mitä	jota
재내격	tässä	siinä	tuossa	missä	jossa
향외격	tästä	siitä	tuosta	mistä	josta
항내격	tähän	siihen	tuohon	mihin	johon
재상격	tällä	sillä	tuolla	millä	jolla
탈격	tältä	siltä	tuolta	miltä	jolta
향격	tälle	sille	tuolle	mille	jolle
전환격	täksi	siksi	tuoksi	miksi	joksi
상황격	tänä	sinä	tuona	minä	jona

	이것들	그것들	저것들	관계대명사 복수
주격	nämä	ne	nuo	jotka
속격	näiden	niiden	noiden	joiden
비정격	näitä	niitä	noita	joita
재내격	näissä	niissä	noissa	joissa
향외격	näistä	niistä	noista	joista
항내격	näihin	niihin	noihin	joihin
재상격	näillä	niillä	noilla	joilla
탈격	näiltä	niiltä	noilta	joilta
향격	näille	niille	noille	joille
전환격	näiksi	niiksi	noiksi	joiksi
상황격	näinä	niinä	noina	joina